乒乓球运动学理论与技术训练研究

吕福禄◎著

吉林出版集团股份有限公司

全国百佳图书出版单位

图书在版编目（CIP）数据

乒乓球运动学理论与技术训练研究 / 吕福禄著 . --
长春 : 吉林出版集团股份有限公司 , 2024.3
ISBN 978-7-5581-1968-2

Ⅰ.①乒… Ⅱ.①吕… Ⅲ.①乒乓球运动—研究
Ⅳ.① G846

中国国家版本馆 CIP 数据核字 (2023) 第 228130 号

乒乓球运动学理论与技术训练研究
PINGPANGQIU YUNDONGXUE LILUN YU JISHU XUNLIAN YANJIU

著　　者　吕福禄
责任编辑　林　丽
封面设计　守正文化
开　　本　710mm×1000mm　　　　1/16
字　　数　210 千
印　　张　14
版　　次　2024 年 3 月第 1 版
印　　次　2024 年 3 月第 1 次印刷
印　　刷　天津和萱印刷有限公司

出　　版　吉林出版集团股份有限公司
发　　行　吉林出版集团股份有限公司
地　　址　吉林省长春市福祉大路 5788 号
邮　　编　130000
电　　话　0431-81629968
邮　　箱　11915286@qq.com
书　　号　ISBN 978-7-5581-1968-2
定　　价　84.00 元

作者简介

吕福禄

性别男，汉族，出生于1984年10月，山东省龙口人，2012年毕业于武汉体育学院体育教学专业，硕士研究生学历，2011年进入烟台南山学院从事体育教学工作，讲师职称。

多次带领学校乒乓球队参加山东省大学生联赛，并取得优异成绩。

成绩如下：

2017年，参加山东省"学校体协杯"大学生乒乓球比赛，获得团体第五名，单打第七名。

2017年，参加山东省"中国体育彩票杯"大学生乒乓球比赛，获得团体第三名，双打第四名，单打第八名。

2018年，参加烟台市第八届全民健身运动会大学生组乒乓球比赛，获得男子单打第一名，第二名，第四名，男子双打第一名，第四名，男子团体第二名，混合双打第五名。

2018年，参加山东省"学校体协杯"大学生乒乓球比赛暨"中国体育彩票杯"2018年山东省大学生体育联赛乒乓球预选赛，获得男子团体第四名，男子单打第六名，男子双打第三名。

2018年，参加山东省"中国体育彩票杯"大中小学生体育联赛乒乓球比赛，获得男子团体第三名，男子双打第三名。

2019年，参加山东省"中国体育彩票杯"大中小学生体育联赛乒乓球比赛，获得甲组（本科）男子单打第二名，男子双打第四名，男子团体第五名。乙组（专科）男子单打第四名，男子双打第二名，男子团体第三名。

前　言

　　体育源于人类的生产和生活，不管是田径运动还是球类运动，其最根本的特点就是能够在人们的生活中普及，而普及一项运动的最终目的就是能够达到在娱乐之中进行体育锻炼。因此，任何一项运动如果只是为了比赛而生那就变得毫无意义了，运动的发展根基就在于大范围地推广。

　　乒乓球运动之所以从最初的娱乐活动逐渐成为正式比赛项目，最主要的原因在于它本身就具备极其强大的魅力，观赏性、技巧性都极强，同时器材获取条件和学习的条件都不苛刻。国际乒联成立以来一直十分关注乒乓球运动的推广，如将其列为奥运会项目，不断举行世乒赛、巡回赛等各种公开赛事，这些赛事更是在不遗余力地向全世界展示乒乓球运动的迷人之处。从推广角度来说，乒乓球竞赛规则的演变是非常有利于乒乓球运动在全世界范围内普及和发展的。从2000年以来，国际乒联一直在通过调整赛制、器材和规则来提高比赛的精彩度，其最根本的目的还是期望能够通过竞赛规则的改变使更多的运动员能够得到鼓舞和提升，从而扩大乒乓球运动的普及范围。

　　本书的主要内容为乒乓球运动学理论与技术训练研究。第一章主要介绍了乒乓球运动的发展概况，分为三个部分，依次是乒乓球运动的起源、世界乒乓球运动的发展、中国乒乓球运动的发展；第二章的主要内容为乒乓球运动的价值分析，主要介绍了三个方面的内容，依次是乒乓球运动的健身价值、乒乓球运动的文化价值、乒乓球运动的产业价值；第三章的主要内容为乒乓球运动学的基本理论，分别介绍了四个方面的内容，依次是乒乓球拍的基本知识、乒乓球运动的常见术语、乒乓球运动的生理学基础、乒乓球运动的功能特点；第四章节的内容为乒乓球运动的战术教学与技术训练，分别介绍了两个方面的内容，依次是乒乓球运动的战术教学、乒乓球运动的技术训练；第五章节主要介绍了乒乓球运动的科学指导，包括三个方面，依次是乒乓球运动的营养指导、乒乓球运动的伤病指导、乒乓球运动的心理指导。

在撰写本书的过程中，作者得到了许多专家、学者的帮助和指导，参考了大量的学术文献，在此表示真诚感谢！由于作者水平不足，加之时间仓促，本书难免存在一些疏漏，在此，恳请各位同行专家和读者朋友们进行批评指正！

吕福禄

2023 年 3 月

目　录

第一章　乒乓球运动的发展概况

本章介绍的主要内容是乒乓球运动的发展概况，分别从三个方面进行相关论述，依次是乒乓球运动的起源、世界乒乓球运动的发展、中国乒乓球运动的发展。

第一节　乒乓球运动的起源

乒乓球运动从 19 世纪 80 年代开始，到今天已经有 140 多年的发展历程。在这个过程中，乒乓球运动从一种简单的民间游戏活动演变为正式的竞技体育比赛项目，从地域性的竞技项目发展到今天全球性备受瞩目的竞技项目。

我们分析其运动发展的过程，有两个主要因素始终起着至关重要的作用：竞技制度的编排和乒乓球技术的发展。它们的基本关系：乒乓球项目组织通过竞赛方法制定、赛事编排以及训练条件（如场地、器材等）的提供，保证乒乓球运动技术的发展和确定乒乓球技术发展的方向；而乒乓球技术的发展和创新又促进了乒乓球竞技制度的不断完善和改进。

一、乒乓球运动起源的不同说法

关于乒乓球运动的起源，说法众多。

（一）网球起源说

网球运动的雏形应该是古老的游戏"室内网球"。1000 多年前，网球运动是靠手掌的掌心来进行击球的，后来改用皮革或布对手掌进行包裹然后击球，直到 16 世纪人们才开始用紧绷的线做成的球拍进行击球。据传 19 世纪末，草地网球是一项很流行的运动，但其受到天气和场地的限制，草地网球爱好者突发灵感，发明了以在室内进行球类运动为主题的游戏，进而诞生了乒乓球运动。

（二）羽毛球起源说

有一种说法是乒乓球运动起源于羽毛球运动。人们最初打羽毛球就用两个拍子，在中间没有网的场地，进行随意地拍打带羽毛类的球。人们曾经在一件 1760 年创作的雕刻作品中看到两个中国小孩在用木球拍击打小圆球的画面，很像没有球台的乒乓球。

（三）英国大学生起源说

19 世纪末，网球运动正盛行于欧洲，是一项特别流行的体育运动，由于英国地理环境原因，经常下雨，导致场地泥泞，至此网球运动受限。所以有些英国大学生就将网球运动移到了室内，消除了网球受场地限制的弊端，用餐桌当球台，用硬纸板或书当球拍，把书立起来当球网，将网球在餐桌上打来打去。作为一种娱乐游戏，这个运动并没有什么统一的规则，而是根据不同的场地环境来制定规则，如可以将球直接发到对方的台面，也可以把球发到自己台面再弹到对方台面。球拍也多种多样，可以用硬纸板，也可以将球拍制作成类似网球拍的形状。为了不破坏家具，对球也会进行一定的加工，如在球外包裹一层毛线等。这种娱乐游戏虽然不如网球刺激，但也能让人乐此不疲，因为是从网球延伸而来，也被称为"桌上网球"。1890 年，几个英国海军军官偶然发现了这种"桌上网球"运动，感觉很有意思，于是，这种受场地和天气限制极小的娱乐型运动逐渐在英国流行起来。①

（四）其他起源说

1. 日本起源说

2000 多年前，日本宫廷内，据传流行着一种用羽毛毡子做的球，有人认为乒乓球是由此种游戏变化而来。

2. 俄罗斯起源说

19 世纪初期，俄罗斯曾流行一种用网球球拍击打插着羽毛的软木塞的游戏，被称为飞球，不过后来因为室外过于寒冷，所以迁入室内，本来巨大的网球球拍也相应产生了变化，从而促进了乒乓球运动的诞生。

3. 中国起源说

在清初，就已经有台球在民间流行，四川和云南交界山区的苗族人用晒干的果子当球，用门板当球台，用带柄的小木板当拍来两边对打。还有记载，清末时期，在中国珠江流域也盛行类似的游戏，他们用猪尿泡吹气做成小球，球的弹性很大，可以在空中、地上和桌上进行对打。

---

① 王锋斌. 乒乓球项目教学与训练方法研究 [M]. 长春：吉林科学技术出版社，2021.

4. 南美洲起源说

南美的印第安人用橡胶树的汁液做成实心球，将其晾干后进行击打，后来哥伦布和其他的探险者发现了这个游戏，并将其带回了欧洲，从此在民间传开。

二、乒乓球运动起源地的不同说法

关于乒乓球运动的起源，世界各国都有各自的看法和观点，争论最大的是到底起源于英国还是美国。

（一）起源地美国说

据可查资料，"桌球"这个名字最早出现于 1884 年一个纽约人发明的游戏里。1887 年，美国游戏公司帕克兄弟在游戏中正式使用"桌球"这个名字。1901 年，帕克兄弟通过英国的经销商杰奎斯及其儿子的乒乓球器材公司在美国专利办公室注册了"乒乓"的专利商标，于是已经在英国流行起来的乒乓球运动的所有器材上都开始标注美国的标志和专利号，并且这些器材也开始在美国销售。没过多久，帕克兄弟就从杰奎斯手里买断了全世界的"乒乓"版权，之后随着乒乓球的流行和竞技比赛的举办，乒乓球遍布全球。因为"乒乓"的版权在美国帕克兄弟公司的手中，所以人们后来认为乒乓球起源地是美国。

（二）起源地英国说

相关资料记载，1886 年甚至更早，英国就有一家名叫埃尔斯的体育用品公司，销售的一种游戏器材——用微型球拍进行游戏的草地网球，并特别注明了这个游戏不是在桌上玩的，而是要在铺着厚实的绿色毡面的地上来进行活动的。也正是因为这个特别的说明，很多人认为乒乓球运动的起源地是英国。

在对大量资料进行查阅和分析后，我们会发现乒乓球起源地的争论很可能与商业利益有关联。比如，最初的乒乓球器材是由英国的杰奎斯及其儿子的公司制造，而在 1898 年之前，这是一种在室内进行的击打橡胶球的游戏，杰奎斯的公司将其击打的球注册了名称，就是乒乓球。只是后来美国的帕克兄弟公司预见了乒乓球的巨大商机，于是在 1901 年将乒乓球的商标专利掌握在自己手里。

尽管无法确定乒乓球到底起源于哪里，但现如今公认的最早的有关"乒乓球"的文字记载就是出自英国：乒乓球源于 19 世纪 80 年代的英格兰，为上层社会晚餐后的一项客厅游戏类活动。

三、乒乓球名字的诞生

根据历史的考证和各种起源说，现在大家普遍认可网球运动就是乒乓球运动的前身。不过最初乒乓球并不是这个名字，而是被称为"桌上网球"或"桌球"，因为乒乓球最初用的是弹性不大的实心球，弹跳效果并不是特别好，后来又有人改用实心橡胶球，但重量有些过重。

1900 年前后，来自英国的商人从美国带回了用赛璐珞制成的空心玩具球，并用它代替了实心橡胶球。后来，又有人用木拍代替了原来的纸板或网拍，"桌上网球"的娱乐性得到了巨大改善。因为空心塑料球有较大的弹力，而且在和木板与球台碰撞时会发出"乒、乓"的声音，因此英国一家体育用品公司用"乒乓"作为广告上的运动名称，后来"乒乓球"就成了这项运动的正式名称。

1900—1904 年，乒乓球运动得到了迅速发展，甚至改良版的乒乓球在这段时期就已经传到了日本。1904 年 12 月，乒乓球运动从日本传到了中国，最初是上海一家文具店从日本购回了几套乒乓球器材，用于在店内的表演，随后了解乒乓球运动的人越来越多，最终乒乓球运动在中国流行了起来。

1905—1910 年，乒乓球运动在欧洲流行并传播起来，很快又传到了其他国家。但是，后来由于第一次世界大战的爆发，原本已经在欧洲盛行的乒乓球运动从此进入了停顿时期。直到 20 世纪 20 年代，乒乓球运动又在英国人民的大力推动下，重新活跃了起来，也是从这时起，乒乓球运动逐渐在全球范围内引起了人们的关注，原本仅限于贵族家庭的游戏正式成为大众运动项目。

1926 年 12 月，国际乒乓球联合会在英国伦敦正式成立。

第二节　世界乒乓球运动的发展

对于世界乒乓球运动发展的回顾，在以下两个方面进行了探讨：

一是在技术层面上，包括：以获得优异成绩的技术类型打法为标志，划分出乒乓球运动发展的不同历史阶段，讨论在不同阶段中乒乓球运动技术发展的特点；以器材的变化为标志，在乒乓球运动发展过程中，着重讨论器材的更新换代对乒乓球技术发展的影响。在认识乒乓球运动发展的同时，可以看到乒乓球不同技术类型打法的历史演变过程。

二是在竞赛制度层面上，着重讨论规则变化对乒乓球技术发展的影响，并介绍乒乓球的国际组织和赛事。

一、世界乒乓球运动的发展阶段

（一）削球打法主导阶段

1926—1951 年是欧洲乒乓球运动的鼎盛时期，其中削球技术是欧洲运动员在乒乓球运动发展史上的重要技术创新。所谓削球打法主导时期，是以削球运动员在这 25 年间所取得的比赛成绩为判定标准。这一时期，除了削球技术发展得比较完善外，削球技术类型打法的竞技优势，得益于器材方面（胶皮拍）的创新与发明，而竞赛规则的修改对削球打法几乎没有产生根本性影响。

匈牙利是这一时期削球打法的代表国家。

1. 竞赛成绩

1926—1951 年，国际乒乓球联合会举办了 18 届世界乒乓球锦标赛，参加比赛的运动员主要来自欧洲。在这 25 年间，欧洲运动员取得了全部 117 枚金牌中的 109 枚（应该是 118 枚金牌，由于第 11 届女子单打决赛没有确定冠军，故为117 枚）（表 1-2-1）。在这一阶段中，削球打法优势很明显。大部分的金牌都被匈牙利的削球运动员夺得。在 35 枚男、女单打金牌中，男子单打的 12 枚金牌和女子单打的 7 枚金牌是由削球运动员获得，占单打金牌总数的 82.85%。[1]

表 1-2-1　1926—1951 年世乒赛金牌榜

国家	匈牙利	捷克	英国	奥地利	罗马尼亚	德国	波兰	苏格兰	美国	共计
金牌数	58.5	25.5	10	5	4.5	4	1.5	1	8	118

2. 器材改进

除了高超的技巧与精湛的技艺，英国人库特在 1902 年发明的胶皮拍也是削球打法成功的关键因素之一。使用胶皮拍取代了木板拍，实现了对以挡球技术为主的初级击球形式的改变，增加了球拍与球之间的摩擦力，从而提高了击球的旋转效果。相较于木板拍，胶皮拍可以产生旋转效果，为使用削球打法的运动员提供了下旋球技术运用的可能。相较于进攻打法和削球打法，胶皮拍因其弹力较弱，因此更有利于发挥下旋技术，在提高控制性、稳定性和旋转性方面表现出色。然而，胶皮拍并不能完全满足进攻技术对速度和力量的要求。此外，在 1936 年之前，比赛所使用的球较为柔软，这使得削球技术易于应用，但进攻则显得不太适宜。因此，削球打法运动员利用球拍的性能和软球的特点来削球，取得了杰出的成就。

3. 竞赛规则

第 10 届世界乒乓球锦标赛在 1936 年如期而至，在该锦标赛中的男团决赛中，罗马尼亚和奥地利派出的三名选手都采用了削球打法。因为双方水平差距不大，导致这场比赛历时三天，累计 31 小时，最终奥地利获胜。男子单打决赛，不出意外也在两个削球手之间展开，比赛耗时 8 小时，依然没有决出胜负，最后由裁判以掷硬币的方式决定冠军归属，这在竞技体育比赛中实属罕见。在男子单打半决赛中，两个削球手更是在 1 分的争夺中耗时 2.3 小时。上述事例就是典型的"马拉松"式比赛。乒乓球比赛中的这种"马拉松"式的比赛，已经严重影响了乒乓球运动的健康发展。因此，1937 年国际乒乓球联合会代表大会决定对比赛器材和规则作出修改，这得到了所有会员国的一致认可，具体作出以下修改：

（1）限制比赛时间

在三局两胜制的比赛中，比赛的时间不能超过 1 个小时；在五局三胜制的比

---

[1] 袁微，董娜，张华．大学生球类运动文化探究与运动技能培养 [M]．北京：中国商务出版社，2017.

赛中，比赛的时间不能超过 1 小时 45 分钟。禁止用手指旋转球的那卡尔式发球。若在规定的时间之内双方还没有结束比赛，那么得分更多的一方将被视为获胜者。

（2）改变球台的尺寸

球台的宽度从 146.4cm 增加到 152.5cm；球网高度下降了 2.05cm，从 17.3cm 降至 15.25cm；将软球替换成硬球。

国际乒联试图通过修改规则和改变器材，鼓励并促进进攻技术的运用和发展。事实上，规则的修改基本上没有影响到削球打法的技术优势。在第 12 届至第 18 届的世界乒乓球锦标赛中，男女单打金牌获得者中，削球打法的运动员依然数量最多。

但是，由于对胶皮拍性能的充分使用和削球技术的出现，乒乓球运动进入下旋球制造旋转的时代。

（二）中远台单面长抽打法主导阶段

日本乒乓球运动员在 1952 年至 1959 年之间，运用中远台单面长抽技术，震惊了整个乒坛。中远台单面长抽打法成为主导性打法，除了运动员的勤奋努力外，还得到了来自器材变革方面的有力支持，而 1937 年竞赛规则关于加宽球台、降低网高和采用硬球的规定，对中远台单面进攻打法战胜削球打法产生了积极的影响。

日本是中远台单面长抽打法的代表国家。

1. 竞赛成绩

在 1952 年至 1959 年间，国际乒乓球联合会成功举办了七届世界乒乓球锦标赛。在这七届比赛的 49 枚金牌中，日本选手摘得了 24 枚。其中，在 1959 年第 25 届世界乒乓球锦标赛上便获得了 6 枚金牌，这是日本乒乓球运动员在中远台单面长抽技术打法方面的辉煌时期。

2. 器材改进

中远台单面长抽打法之所以取得成功，最初得益于海绵拍这项发明，海绵拍是在 1951 年由一位奥地利人发明创造的。相较于胶皮拍，海绵拍能够显著地增强击球的力量和速度。因此，海绵拍的使用增强了进攻的效果，在器材上为战胜用胶皮拍来制造下旋的削球打法提供了有力的支持。海绵拍的进攻性能和中远台单面长抽技术，能够显著提升进攻型打法的运动员的成绩。

在 1957 年，日本人创造了正胶、反胶海绵拍，这使得长抽进攻技术的威力得到了进一步的增强。海绵拍和海绵胶皮拍的出现使得其不管是进攻力量，还是速度性能都得到了充分的发挥，加之中远台单面长抽技术的应用，让乒乓球运动进入了崇尚进攻力量和速度的时代。而海绵胶皮拍击球的力量速度和潜在的制造旋转性能，揭开了乒乓球运动运用强烈上旋进攻技术的序幕。

3. 竞赛规则

在第 19 届世界乒乓球锦标赛中，来自日本的运动员佐藤博治用一块 8mm 的黄色软海绵，即站在了乒乓球世界之巅。他充分发挥了球拍击球力量大和速度快的特点，运用长抽进攻技术获得了男子单打冠军，佐藤博治是日本第一个乒乓球世界冠军。同时，在国际乒坛上也引起了关于海绵球拍使用问题的争论。由于海绵拍的进攻性能比较强，使欧洲削球打法难以在比赛中获得优势，因此欧洲国家的一些乒坛人士呼吁禁止使用海绵拍。而赞成的一些人认为，在木板上覆盖海绵和覆盖胶皮，其道理是一样的，并且在 20 世纪 50 年代初期，来自奥地利的乒乓球运动员已经使用过海绵拍，当时也没有遭到非议。

在上述的争论中，时任国际乒联主席的蒙塔古肯定了这一新工具对乒乓球技术发展的作用，海绵拍得以合法使用。这也意味着长抽进攻打法能够继续存在，日本队可以继续保持它的技术优势。

在这一时期，乒乓球运动因为海绵拍和海绵胶皮拍的使用，进入了一个追求进攻力量和速度的时期。

（三）近台快攻打法主导阶段

在乒乓球运动发展史上，中国人有一项重要的技术创新——近台快攻打法。在乒乓球技术历史发展的方向上，近台快攻打法一直起着重要的影响作用。对于近台快攻打法主导时期的判断主要是看该打法在比赛中所取得的成绩。中国近台快攻打法的形成，源于对乒乓球实践规律不断的总结和归纳。近台快攻打法的技术优势，也获得了来自器材方面的有力支持。

中国是近台快攻打法的代表国家。

1. 竞赛成绩

1959—1969 年，中国乒乓球队崛起。在此期间，国际乒乓球联合会举办了 5 届世界乒乓球锦标赛。中国乒乓球运动员参加了 1961—1966 年的 3 届比赛，在这 3 届比赛中，获得了 11 枚金牌（总共 21 枚）。其中在 1965 年第 28 届世界乒乓球锦标赛中获得 5 枚金牌。从此中国乒乓球近台快攻打法登上历史舞台。

2. 器材性能

近台快攻打法之所以会成功，主要前提是正胶海绵拍所提供的速度支持。中国乒乓球界总结了战胜日本单面长抽打法、欧洲削球打法的技术经验，对中国运动员在世界比赛中获胜的技术经验进行了总结和反思，并基于此形成了近台快攻打法，该打法站位近台，主要是左推右攻和两面进攻。近台快攻打法对正胶海绵拍快速的特点进行了充分的利用。在进攻方面，比起中远台长抽，这种技术的进攻速度更快，并且可以更有效地处理反手位（推和反手攻）的技术，技术水平也比单面长抽高。

3. 竞赛规则

在 1959 年，国际乒乓球联合会开始讨论就构成球拍的材料、种类、海绵和颗粒胶皮厚度的规定，并在第 25 届世界乒乓球锦标赛期间进行投票表决，最终以 72 票对 19 票，通过了关于球拍的规则规定，结束了长达 6 年的球拍之争，为乒乓球运动技术的发展提供有力保证。

规则对球拍的明确规定，避免了一些非技术性的争论，有助于对刚刚成熟起来的运用正胶海绵拍的近台快攻技术打法的稳定发展。当时对球拍的基本规定如下：

①球拍的大小、形状和重量不限。

②球拍底板应平整、坚硬。

③普通颗粒胶皮覆盖在底板上时，连同黏合剂其厚度不能超过 2mm。

④海绵加颗粒胶覆盖在底板上时，连同黏合剂其厚度不能超过 4mm。

4. 不同技术打法的初步形成

海绵胶拍刚刚流行不久，1960 年弧圈球技术就在日本诞生了。由于中国乒乓球队事先对弧圈球技术有一定的初步了解，做了相应的准备工作，在 1961 年的第 26 届世界乒乓球锦标赛上，有效地克制了日本队的弧圈球技术。

在这一时期，中国乒乓球运动员张燮林（直拍削球）用长胶海绵拍进行削球打法。由于长胶海绵拍的特殊性能，使得其削球打法在旋转变化上更加变化多端。长胶海绵拍创造性的削球打法，为中国乒乓球队在第 27 届世界乒乓球锦标赛男子团体决赛中夺冠，立下汗马功劳。

正是由于长胶海绵拍性能的充分利用和近台快攻打法的出现，乒乓球运动进入了一个近台快速进攻的时代。

（四）弧圈球进攻打法兴起与新近台快攻打法保持优势阶段

1971 年，第 31 届世界乒乓球锦标赛在日本的名古屋举办。来自瑞典的 18 岁小将本格森夺得男子单打冠军。在技术上，他与欧洲其他运动员相比，不以蛮力为主，将弧圈球技术和中国运动员的近台快攻打法结合起来，形成了弧圈球结合快攻的打法，并显示出打法上的优势。两年后，1973 年的第 32 届世界乒乓球锦标赛中，瑞典队又在本格森的带领下问鼎男子团体冠军，此项冠军已经阔别欧洲 20 多年。与此同时，欧洲一些乒乓球运动员开始学习和研究本格森的弧圈球加近台快攻技术，如匈牙利约尼尔、舒尔贝克等，并在比赛中取得了一些优异成绩，约尼尔 1975 年获得了第 33 届世界乒乓球锦标赛男子单打冠军。1979 年第 35 届世界乒乓球锦标赛中，匈牙利队夺得了男子团体冠军。这些成绩标志着欧洲运动员采用弧圈球进攻打法，在技战术方面已经可以和中国的近台快攻相抗衡。

与此同时，中国近台快攻打法在保持原有技术的基础上，又有了新的技术突破，形成了所谓新近台快攻打法。新近台快攻打法是主要针对弧圈球技术，形成的一种具有新的近台快攻技术内容的打法。新近台快攻打法有以下两个发展方向：

一是在传统正胶球拍近台快攻打法的基础上，提高回击弧圈球的技术能力以及进攻下旋来球的技术能力。采用的主要新技术有：盖打、反带、推挤弧圈球技术；在处理下旋球方面，正手进攻技术要求既可打低球突击，也能用正胶拉小弧圈球。这一针对弧圈球技术所采用的新技术内容，在世界大赛中都有成功的运用。其中的主要代表人物是谢赛克、江嘉良和陈龙灿。

二是在逐步认识弧圈球技术先进性的基础上，开始对传统正胶海绵拍的近台快攻打法进行合理改造，即采用反胶海绵拍，学习弧圈球进攻技术，把正手的拉和打，以及与反手推挡结合起来，形成了直拍用反胶海绵拍打近台快攻的打法。代表人物是郗恩庭、郭跃华和曹燕华。这一打法也取得了很好的成绩。

由此，我们看到了在这个时期中，随着世界乒乓球技术的发展，传统意义的近台快攻打法内涵已经发生了新的变化。

瑞典和匈牙利是弧圈球进攻打法的代表，中国是新近台快攻打法的代表。

1. 竞赛成绩

在这一阶段中，欧洲运动员凭借弧圈球技术，开始向中国及亚洲技术水平逼近，呈现上升的势头，但尚有差距。这点从比赛成绩中可以反映出来。但在其间9届世锦赛单打比赛的18枚金牌分布中，还可以看出在两种打法的发展方面，弧圈球进攻打法的成绩明显上升（表1-2-2）。[①]

表1-2-2　各国比赛成绩及两种打法单打成绩对照表（1971—1987年）

	中国	日、韩、朝	欧洲	共计
总金牌数（枚）	41.5	8	13.5	63
%	65.87	12.69	21.42	100
弧圈打法单打金牌数	6	—	2	8
快攻打法单打金牌数	2	4	—	6
其他打法单打金牌数	4			4

2. 器材变化

在这一时期，乒乓球拍没有发生什么变化，主要还是使用正、反胶海绵拍。但是在底板中开始加入碳素纤维，既提高了击球的速度和力量，又能够保证击球的稳定性。在加工过程的精细程度上，考虑到球拍性能与技术打法的结合。如中国1960年为不同打法设计的032、016、08型号的红双喜底板，651、652等型号的正胶胶皮，它们为近台快攻技术提供了有力的支持。为了提高弧圈球技术的质量，6512型号的反胶胶皮，以及天津橡胶研究所在1972年研制成的729型号的反胶胶皮，为中国弧圈球技术打法的发展作出了重要的贡献。与此同时，世界各国的乒乓球拍的生产，又满足了乒乓球在技术上的需要和支持。

---

① 盛俊林.乒乓球运动技术的教与学 [M].哈尔滨：哈尔滨地图出版社，2007.

3. 竞赛规则

国际乒乓球联合会在此期间，对不同性能的球拍，在平时的训练和比赛中的使用进行了如下限制：

1979 年，第 35 届国际乒乓球联合会代表大会中规定：一场比赛时，第一次使用一个球拍前，若对方要求，则应给对方出示球拍的两面进行查看。

1982 年，规则规定：在比赛前，第一次使用一个球拍前，应当允许对手或裁判员进行相应的检查。

1983 年至 1985 年，规则进一步规定：比赛开始时或比赛过程中，无论何时，如若运动员有需要更换球拍时，都必须向对手和裁判员展示他将要使用的球拍，并允许他们进行必要的检查。

1986 年对击球拍面进行了限制：规则规定必须用黏合有覆盖物的拍面进行击球。

上述规则规定，对弧圈球进攻打法和近台快攻打法在技术上没有产生实质性的影响。

4. 多种打法的完善与发展

横拍采用两面不同性能胶皮，进行削攻结合的打法，再加上倒拍来改变正反手发球和搓、削球在旋转上的变化，在乒乓球比赛中成为奇兵。代表人物有梁戈亮、陆元盛、童玲等。

横拍采用两面不同性能胶皮的进攻打法，发挥倒拍发球进行抢攻的威力，在乒乓球比赛中也成为奇兵，如蔡振华等。

直拍采用两面不同性能胶皮，使用挡攻削结合的打法；其球拍反面可以进攻。这一打法将原来直拍削球打法又向前推进了一步，如葛新爱、王俊等。

直拍采用两面不同性能胶皮的进攻打法，通过倒板技术来改变球性，为进攻创造机会，如倪夏莲。

在这个阶段，由于人们对反胶进攻性能的深入了解和研究，使得乒乓球技术进入了速度和旋转相结合的时代。

（五）弧圈球进攻打法主导阶段

弧圈球进攻打法主导时期的标志性事件有以下两个：

一是1988年的第24届奥运会乒乓球比赛上，中国优秀的直拍正胶近台快攻运动员江嘉良和陈龙灿，在单打比赛中先后失利；而采用弧圈球进攻打法的瑞典人在第40届至42届世界乒乓球锦标赛中，连续获得3届团体冠军和第40和41两届男子单打冠军。

二是在近30年的世界"乒乓球运动三大赛事"中，几乎所有的单打冠军全是弧圈球进攻打法的运动员。

数据足以证明，弧圈球技术已经成为当下流行的乒乓球技术。世界各国的主流技术也都趋向于弧圈球进攻打法，但同时也保留了本国原有技术打法的特点。

弧圈球进攻打法具体划分有：直拍弧圈球进攻打法，直拍横打弧圈球进攻打法，横拍弧圈球进攻打法。

直拍弧圈球进攻打法、直拍横打弧圈球进攻打法的代表国家是中国，横拍弧圈球进攻打法的代表国家是瑞典、中国、德国和奥地利。

1. 竞赛成绩

从20世纪80年代末到90年代初，以瑞典为代表的欧洲弧圈球进攻技术，在世界重大比赛中（主要指世界乒乓球锦标赛和奥运会，因为乒乓球世界杯在1996年才开始举办）取得了优异的成绩。中国乒乓球运动员通过技术和打法上的不断学习和创新，使弧圈球技术在质量上有了非常明显的进步和提高。进入弧圈球进攻打法主导时期不长时间后，中国在1995年的第43届世界乒乓球锦标赛（简称"世乒赛"）中重夺男子团体、男子单打冠军，继续保持着乒乓球强国的传统优势地位。在这个时期，中国乒乓球队的整体成绩依然很好，排在前列。

弧圈球进攻打法是一种以旋转和速度为主要特点的乒乓球技术，它可以使对手难以控制球的落点和弹跳方向，从而获得主动权。在乒乓球单打世界冠军和奥运会冠军中，弧圈球进攻打法的选手占据了绝大多数。自1959年容国团为中国夺得第一个世界冠军到第五十一届（2011年单项）世乒赛结束，中国共获得122.5个世乒赛冠军，已经大大超过第二名匈牙利队的68.5个和第三名日本队的

47 个。① 而中国乒乓球队的主要技术风格就是弧圈球进攻打法，从邓亚萍、刘国梁、孔令辉、王楠、张怡宁、李晓霞、张继科、丁宁、马龙、樊振东等众多世界冠军都可以看出这一点。在奥运会上，中国乒乓球队也是无可争议的王者之师。自 1988 年乒乓球项目进入奥运会以后，中国乒乓球队共获得 28 枚金牌，其中 6 个团体冠军，22 个单项冠军。而且，中国乒乓球队在 2008 年北京奥运会、2012 年伦敦奥运会和 2016 年里约奥运会上，都实现了男女单打、男女团体和混双的全面包揽。②

2. 器材变化

在弧圈球进攻打法主导时期，乒乓球器材的变化受到两个方面的影响：一是弧圈球技术的影响，二是规则变化的影响。

弧圈球技术对乒乓球器材的影响，主要表现在提高球拍击打弧圈球的性能上。在底板方面，为了提高底板的弹力和稳定性，20 世纪 90 年代，日本蝴蝶公司在推出碳素纤维材料后，又推出了含有芳基纤维材料、芳基纤维、碳素纤维混织的底板。芳基纤维材料具有高弹减震和超轻重量的特性，使球拍在进攻和控制上获得了比较好的平衡，它与碳素纤维结合，则突出了在一定控制性能上的进攻力量的发挥。在胶皮方面，29 系列胶皮为解决弧圈球进攻打法的技术难题，通过胶皮粒子结构的重新排序，使得胶皮也有软硬之分，继而通过胶皮的不同硬度来控制击球瞬间的吃球深度和弹性。如 729—40H 反胶胶皮的硬度高一些，适合拉前冲弧圈球；729—40S 的胶皮则软一些，更易于控制球，适合反手拉弧圈球。

规则变化对乒乓球器材的影响，主要表现在采用大球方面。大球时代对球拍提出了新的要求。如在底板生产中要考虑大球比原来重了 0.2 克，来球对底板的冲击力加大这一问题，解决方案是在底板中间加入比较刚性的碳素纤维，保证击球的速度和力量；针对大球变软，球体承受压强的能力有所下降的问题，解决方案是在底板木层的双侧增加具有韧性与高弹力的纤维，来保证击球时，底板的力量均匀柔和作用于球体上；针对大球直径加大了 2mm，球体变大的问题，解决方

---

① 数据源于中国乒乓球协会官方网站。

② 中国新闻网. 当之无愧的王者之师！国乒队史已有 116 人成为世界冠军 [EB/OL]. (2021-4-30) [2023-1-15] https://www.chinanews.com/ty/2021/04-30/9468153.shtml?spm=C67245673465.P3fivqMNiZ7V.0.0.

案是用不同硬度层木和不同性能的纤维，按一定的顺序排列，优化底板的整体结构，从而扩大底板有效的击球范围等。

球拍在技术上的改进，为弧圈球进攻打法提供了物质上的有力支持。

3.竞赛规则修改

这一时期，乒乓球竞赛规则有了一些重大的变化，这种变化对乒乓球打法的发展产生了直接影响。由于有的运动员在比赛中使用两面不同胶皮性能的球拍，并经常进行倒板，导致对手经常受到迷惑，"无从下手"。国际乒联在1992—1993年规定：球拍表面的两面颜色必须一面为鲜红色，一面为黑色。这一规定的执行，使其在技术发展上受到限制，却给擅长弧圈球进攻打法的运动员扫清了一个技术障碍。

1998年，国际乒乓球联合会以19∶18票通过了德国乒协关于"把球拍覆盖物正胶的几何图形中关于正胶胶粒的粒高和胶粒顶直径之比，从1∶3改为1∶1.1"[1]的提案，并在1999年6月底开始实施。这意味着自1961年来可以使用的长胶，结束了其技术使命。与对作为正胶类型之一长胶的限制相反，就是对采用反胶胶皮的鼓励。

2000年，国际乒乓球联合会规则规定比赛用球由原来的直径38mm，球重2.5克，改变为40mm，球重2.7克。有利于弧圈球打法在力量上优势的体现，使得弧圈球打法中以力量为主的运动员技术得以充分发挥。

2001年9月1日，由每局21分制改为11分制。对于弧圈球进攻打法以及其他打法的影响，可以概括为"四快一大"，即进入状态快、发球接发球转换快、比分变化快、竞赛节奏快，精力消耗大。

2008年9月1日，国际乒联开始禁止使用含有挥发物质的有机胶水，进而代替的是无挥发物的无机胶水。原因是在2004年的多哈世乒赛中，一名日本选手在比赛中，由于长期使用有毒的有机胶水，在粘球拍时，需要反复刷底板和胶皮，导致中毒晕倒，并住院治疗三周，有一周处于昏迷状态。有机胶水是带有一定毒性的，会使胶皮膨胀和软化，并持续5～6小时。在2006年德国不来梅世乒赛上，国际乒联决定使用无毒的无机胶水，它能够降低胶皮的弹性，从而使球速和旋转减慢。

在弧圈球进攻主导时期，由于乒乓球技术在不断地研究、改进和完善，器材

---

① 李相如，魏利婕，杨铁黎，等.乒乓球运动[M].北京：中央广播电视大学出版社，2013.

制造方面也在不断地更新材料，乒乓球进入了速度和旋转相融合的时代，运动员们不再区别对待速度和旋转问题，从技术和战术角度讲，速度和旋转已经呈现出一体化的趋向。

4.多种打法的代表人物

不同性能球拍的进攻和防守打法，在这一阶段也有所发展，并取得了优异的成绩。其代表人物是采用正手反胶和反手长胶进攻打法的邓亚萍，采用正手反胶和反手生胶进攻打法的王涛，采用正手反胶和反手正胶削球打法的丁松。

二、世界乒乓球技术与打法的影响因素

影响世界乒乓球技术打法演进的因素主要有以下几个方面：

（一）制胜因素对不同技术打法演进的影响

就目前世界乒乓球运动的发展趋势来看，乒乓球的技术和打法一直在不断地完善，不断地创新，不断地成熟发展演变。各项技术的发展，各种打法的演变组合又与乒乓球的获胜要素之速度、力量、落点、弧线、旋转及变化的合理组合与运用密不可分。

各种乒乓球新技术的出现都会使对手很难适应，大幅度地提高了获胜的概率，从而运动员在比赛中能够取得对抗的主动权，并获得优异成绩。如：中国人创造的近台快攻技术，突出了其制胜的核心因素就是一个字"快"，从而促进并延续了直板快攻打法；欧洲人的弧圈"爆冲"技术的创新，是制胜因素"快"与"转"的完美组合的结果，从而使欧洲弧圈球打法的技术更加完善。

（二）球拍制作工艺创新对技术和打法演进的影响

纵观乒乓球的发展历史，我们会发现世界乒坛的历次重大技术上的改进、打法的演进都与球拍的变化有着密不可分的关系。如日本人采用海绵拍开创单面长抽技术打法，欧洲人的胶皮拍削球打法最终被日本人的长抽技术打法取代。几年后，欧洲人把胶皮反过来贴在了海绵拍上，这样，乒乓球拍既有了海绵自带的弹性，又有了反胶带来的摩擦力，这种球拍被日本人运用得如火如荼，发明并创造了弧圈球技术打法。中国人用短粗朝上的颗粒胶皮配上硬木板，就是正胶海绵拍

开创了近台快攻打法，球一碰就出，用快制转。随后中国人又发明了长胶，借球打转，借力打力，贴上海绵时运动员可以多积极主动进攻，不贴海绵时运动员可以以防守为主，以柔克刚，以慢制快。中国人还发明了防弧圈球球拍，用没弹性的胶皮加上海绵，另一面用不同性能的胶皮则更会使对手猝不及防，瑞典的瓦尔德内尔就是输给了中国运动员蔡振华。随后，中国人又在反胶上作出了文章，在胶皮表面上加了一层发黏的胶，硬板配硬海绵再加上黏胶皮，这样的组合让中国运动员也开始拉起了弧圈球。与中国人不同的是，欧洲人则是用五层纯木板加软海绵再配上涩性胶皮，用来拉弧圈球，由于这样的组合板身厚度薄，而且柔韧，触球时海绵吃球较深，胶皮出球快，球拍就像弹弓一样，速度与旋转融为一体，适合退台进攻技术。还有日本直板的独木板，只有一层木头，厚度可达10mm。如果在一层木头上上下各加两层木头，就是五层板，厚度为5mm，横板球拍多见，出球较转，如果外面再加两层，就是七层板，6～7mm厚，直拍球拍多见，出球较快。面对越来越快的球速，原本纯木五层板球拍甚至七层板球拍都开始慢慢加厚加硬，加人造纤维，现在又开始加入玻璃纤维，比纯木球拍更快，比加入传统纤维的球拍手感更好。这些例子都说明了新球拍的发明与完善是世界乒乓球技术与打法演进的重要因素。

（三）规则变化对技术和打法演进的影响

乒乓球运动作为一种世界性的竞技运动项目是以获得比赛胜利、战胜对手为目的的。在乒乓球技术发展方面，世界各国乒乓球运动员都在寻求技术优势。在探索过程中，曾出现过具有较大优势的技术，如美国人发明的"那卡尔式"的用持球手带出旋转的发球技术；合力发球技术；遮挡式发球技术（2002年9月取消，执行发球无遮挡规则）；使用同一种颜色的不同性能的胶皮，在比赛过程中进行倒板技术打法等等。这些技术或打法，随着乒乓球越来越大众化、国际化，观赏性也越来越高，世界乒联就取消了上述的技术或战术，严格要求在比赛中禁止使用。

在世界乒乓球发展的历史进程中，各种技战术打法在适应与反适应、制约与反制约的激烈对抗与竞争中演进着。凡是顺应乒乓球技术发展，符合五大竞技要素的内在规律，重视对球拍等工具的改革与创新，就能赢得技术上的主动权，取得优异的成绩，这也是乒乓球技术打法演进的基本规律。

三、组织机构及重大赛事介绍

（一）组织机构

目前，世界上乒乓球组织机构有三个协会。

1. 国际乒乓球联合会

国际乒乓球联合会（英文：International Table Tennis Federation，缩写：ITTF），简称国际乒联，1926 年 12 月在英国伦敦成立，第一任主席为英格兰人伊沃·蒙塔古。目前，总部设在瑞士洛桑，现任主席为瑞典人佩特拉·索林，刘国梁为国际乒联第一副主席，刘诗雯为国际乒联运动员委员会主席。截至 2019 年，国际乒联的成员协会已有 226 个。

2. 亚洲乒乓球联盟

亚洲乒乓球联盟（英文：Asian Table Tennis Union，缩写：ATTU），简称亚乒联盟，1972 年 5 月 7 日在北京成立，第一任主席为日本人川上里三，目前是亚洲最大的体育组织，会员协会约有 43 个，现任主席为卡塔尔人卡里尔·阿尔·默罕纳迪，中国运动员许昕和韩国运动员金泽洙为副主席。

3. 中国乒乓球协会

中国乒乓球协会（英文：CHINESE TABLE TENNIS ASSOCIATION，缩写：CTTA），简称中国乒协，成立于 1955 年，是具有独立法人资格的全国性群众体育组织，位于北京，现任主席为刘国梁，是代表中国参加国际性乒乓球赛事的唯一组织机构。

其中，国际乒乓球联合会（ITTF）为最高管理机构。

（二）重大国际赛事介绍

世界乒乓球三大赛事是指世界乒乓球锦标赛、乒乓球世界杯、奥运会乒乓球比赛三大乒乓球体育赛事的合称。乒坛大满贯得主，原指对夺得过奥运会、世乒赛和世界杯三大赛单打冠军运动员的美称，现指获得国际乒联 WTT 四大满贯单打冠军以及奥运会单打冠军和世锦赛单打冠军的运动员。从 1992 年到现在，世界乒坛先后涌现出 10 名男女大满贯，世界上第一位大满贯得主来自瑞典的瓦尔德内尔、第二位邓亚萍、第三位刘国梁。马龙在世界乒乓球历史上也留下了非常浓重的一笔，他是第一位男子双满贯得主，全满贯（世界杯、奥运会、世锦赛、亚运会、亚锦赛、亚洲杯、巡回赛总决赛、全运会八项单打冠军）得主。

1. 世界乒乓球锦标赛

国际乒乓球联合会主办的世界乒乓球锦标赛也叫世乒赛，是世界上较大规模的赛事，任何会员协会均可派选手参加。1926 年 12 月第一届世乒赛，在英国伦敦举行。从 1959 年第 25 届世乒赛开始每两年举行一次，从第 45 届开始，团体比赛和单项比赛分别在两个不同国家或地区举行。单项赛和团体赛不在同一年举行，先进行单项比赛，后进行团体比赛。

世界乒乓球锦标赛共有七个比赛项目：男子团体、女子团体、男子单打、女子单打、男子双打、女子双打、混合双打，每项都设有专门的奖杯。

2. 奥运会乒乓球比赛

奥运会乒乓球赛为乒乓球国际比赛的主要赛事，每四年一次。1981 年，在巴登由萨马兰奇主席主持召开的第 84 届国际奥委会全体委员会上，决定将乒乓球列为 1988 年奥运会正式项目（即韩国汉城举办的第 24 届奥运会），设男子单打、女子单打、男子双打、女子双打四个项目。这届奥运会中国乒乓球队共获得 2 枚金牌 2 枚银牌 1 枚铜牌的骄人战绩，金牌分别为女单陈静、男双陈龙灿和韦晴光、银牌为女单李慧芬、女双陈静和焦志敏、铜牌为女单焦志敏。

2008 年北京第 29 届奥运会上，取消双打，增设团体赛。2020 年举行的东京第 32 届奥运会，增加了男女混双项目。

随着国际乒联经费的增加、竞赛组织的科学管理、运动员球技的进步，吸引了全球亿万观众，并得到了国际奥委会高度重视和赞扬。

3. 世界杯乒乓球赛

世界杯乒乓球赛也是国际乒联主要赛事，一年一次，包括男女单打和团体共四项赛事（分开举办），每逢奥运会年会停办。开始时，只设置了男子单打项目，为进一步推动世界乒乓球运动的发展，1996 年增设了女子单打项目。

第三节 中国乒乓球运动的发展

一、中国乒乓球运动的开始

关于乒乓球运动在中国的开端，现如今较为被大众所接受的一种说法是 1904 年由上海一家文具店老板引入，这位老板在日本观看了乒乓球的表演，于是从日本进口了一些乒乓球器材，包括球拍、球台、球网和球，然后将乒乓球器材摆在店中，并亲自进行示范来介绍这个游戏该如何进行，以便吸引顾客，自此乒乓球运动在上海推广开来。

也有另一种说法是 1902 年一位欧洲人在天津寄出了一张明信片，明信片上用法文写道在天津的那些欧洲家庭中流行着乒乓球。

尽管直到如今也无法确定现代乒乓球运动到底是何时、何地被何人引入中国，但可以确定的是现代乒乓球运动引入中国的时间是在 1900—1905 年。

乒乓球运动被引入中国之后，曾经沉寂了很长一段时间。在最初的 10 余年中，乒乓球运动只是在上海、广州、天津等一些沿海较开放的城市开展，而且大多是一些由外国人控制的机构中的外国人和少数中国人会进行乒乓球娱乐活动，之后流行到了少数学校里面，在学校之外很难看到乒乓球的踪迹。

1916 年，上海中华基督教青年会的童子部三位干事首创了青年会童子部乒乓球娱乐运动，他们购置了多套乒乓球器材，供青年会会员进行娱乐，这是中国乒乓球组织化的开端，也是中国乒乓球比赛的雏形。

二、中国乒乓球运动的初步传播

1918 年，乒乓球运动开始在全中国传播，练习乒乓球的人逐渐多了起来。为了更好地规范和管理乒乓球运动，青年会的干事顾光祖、青年会日校的唐昌民与青年会夜校的俞斌祺一起发起倡议，成立了上海乒乓球联合会。

1919 年之后，上海乒乓球联合会开始组织乒乓球团体比赛，这是中国乒乓球运动团体比赛的开端。

1918 年前后，广州一些小学也开始在体育教师的指导下开展乒乓球运动，从 1926 年开始，广州有了正式的乒乓球比赛；1920 年，香港有了乒乓球运动，并于 1925 年组织了一个乒乓球联合队；1923 年，天津基督教青年会也开始在少年游戏室设置乒乓球台。

1924 年，在乒乓球界很多热心人士的多次努力下，乒乓球运动终于被列为全运会的表演项目，同时上海和天津等地出现了一些被称为比赛会的组织，只是这些推广活动并没有取得良好的效果。

1925 年春天，日本某乒乓球代表捐助了一只大银杯作为上海中日乒乓球比赛的锦标，这次比赛是中日之间在中国的第一次较量，最终中国乒乓球队夺得了锦标。

1927 年，中日两国乒乓球专家协定了乒乓球比赛的一些规则，之后日本发来邀请函进行乒乓球交流，由俞斌祺带领中华队前往日本进行乒乓球友好交流，最终取得了 6 场 4 胜的好成绩。

1927 年 8 月，第八届远东运动会在上海举行，乒乓球比赛作为会外表演在远东运动会一鸣惊人，因为中国队成绩斐然，所以乒乓球运动开始引起国人的注意。之后各地开始组织乒乓球队伍，其中上海乒乓球运动的发展最为鼎盛。

1927 年，戴季陶先生在广东发起了运动会，乒乓球也被作为一项运动列入了锦标比赛中。在这之后，广州、香港、澳门等地经常举行乒乓球比赛。天津和北京也开始出现一些拥有实力的乒乓球队，两地间开始举办友谊赛。山东青岛和济南等地也逐渐开始组织乒乓球比赛。

1921—1930 年，中国各地的乒乓球竞赛接连不断，虽然这些比赛是由乒乓球团体发起，但奖品大多是由一些机关和商家捐赠，所以大多数比赛都是在为一些商家进行广告宣传。尽管如此，这些层出不穷的比赛也在快速推进着中国乒乓球运动的发展。

1927 年，中国乒乓球运动发展得如火如荼时，日本大阪的乒乓球联合会考虑到比赛规则的需要，想和中国共同商议制定规则，所以联系了上海乒乓球联合会，只是上海乒乓球联合会认为自身并不能代表全中国，因此在报纸刊登了信息，听取了各方的意见和建议，最终采取委员会制的方式组成了全国乒乓球联合会，虽然因为这个全国乒乓球联合会的主要功能是对外交流，所以成立不久就名存实亡了，但这是中国全国性乒乓球组织的第一次尝试。

1935年初，全国不少地方都开始组建乒乓球队，不断举办交流赛，在此情况下，上海成立了真正意义上的全国性乒乓球组织：中华全国乒乓球协会。这是中国乒乓球界正式对外联络的组织，也标志着乒乓球终于作为正式体育运动进入了中国体育界。

1936年2月，国际乒乓球联合会邀请中国乒乓球队加入国际乒联，但刚成立一年的中华全国乒乓球协会经费窘迫，球队的组织也不完善，因此并未加入。

1937年，中国乒乓球运动员才得以第一次和欧洲运动员进行接触，当时匈牙利乒乓球运动员沙巴都士名列世界第四，曾获得了世界单打冠军，他和其助手来到香港和上海进行乒乓球表演，中国运动员也和他们进行了多场友谊比赛，但只胜了两场。

从乒乓球运动开始在中国发展到中华人民共和国成立的这段时间，中国一共举行过两次全国性比赛：一次是1935年在上海举办的第六届全国运动会，由上海乒乓球联合会牵头，发起了全国乒乓球邀请赛，各地乒乓球组织纷纷响应；另一次则是1948年第七届全国运动会，这次全运会上全国32个省市以及多地华侨的乒乓球组织共58个代表队参加了比赛，但当时参加乒乓球比赛的队伍并不多，而且此次乒乓球锦标赛只设置了男女单打比赛。

三、中国乒乓球走出国门

1952年，中国正式加入国际乒联，之后，中国乒乓球国家队宣告成立，自此中国乒乓球运动真正开始走出国门。

1952年10月，北京举行了中华人民共和国成立以来的第一次全国乒乓球比赛，一共有62名男、女运动员参加了比赛，当时国际乒联主席应中国邀请来到北京访问，对中国全体运动员发表了热情友好的讲话，预言中国乒乓球队将会以世界强队的姿态出现在世界乒坛。

（一）低起点与大跨步

1953 年，第 20 届世乒赛上终于首次出现了中国乒乓球队员的身影，参赛的运动员男子有 14 个队，女子有 10 个队。当时中国缺乏国际比赛的经验，根本无法将自身打法的特点充分发挥，应对下旋球的能力较差，因此最终被国际乒联评为男子一级第十名，女子二级第三名，可见中国乒乓球运动的起点还是很低的。当时技术水平较高的欧洲运动员根本看不起中国的直拍快攻打法，认为他们的横拍打法更为优越。中国乒乓球界却并没有因其他国家的看法而改变自己的模式，依旧坚持直拍快攻打法，同时借助国际比赛的经验，开始创造不同打法，有意识地训练了一批横拍削球手。

之后的第 21 届和第 22 届世乒赛中国并未参加，直到 1956 年第 23 届世乒赛，中国乒乓球队才再次进入世界乒乓球界的视野，这一次中国男子团体赛获得分组第二，女子队则名列第六，男子队被评为一级第六名，女子队被评为一级第十一名。这次比赛显示了中国乒乓球队既快又狠的快攻打法，但同时暴露了中国运动员在击球准确性，即基本功方面的极大不足，这时中国乒乓球队认识到，想要攀登乒乓球界的巅峰，就必须加强基本功训练，以此来提高击球的准确性。

第 24 届世乒赛，中国再次参赛。这一次，中国乒乓球队男女组均获得了决赛权，最终男子队被评为一级第四名，女子队被评为一级第三名，此时中国乒乓球队的打法风格再次发生了变化，在原本的既快又狠的基础上增加了"准"。虽然中国乒乓球队参加这三届世乒赛的成绩并不理想，但能够从中看出中国队虽然起点低，但是一直在大跨步进步。

（二）首次攀上巅峰

1958 年 5 月，容国团加入国家乒乓球队。1959 年，中国乒乓球队参加了第 25 届世乒赛。这次世乒赛中，21 岁的容国团为中国夺得了第一个男子单打世界冠军。这次比赛冠军来之不易，决赛对手是匈牙利老将西多（在过去的几届世界比赛中，曾先后获得 9 次团体、单打、双打冠军）。

周恩来总理将容国团的冠军和十年国庆，列为 1959 年的两件大喜事，亲自将中国生产的乒乓球命名为"红双喜"。

容国团夺得世界冠军的消息，让我们国人意识到，中国体育在世界的崛起昭示着一个民族未来的希望。

在第 26 届世乒赛前夕，周恩来前来看望了运动员，还请到了陈毅来给运动员做战前动员，启发运动员认识为国家打球的意义，这大大提高了中国乒乓球队的思想认识水平。由于技术上不断稳步前进，加上思想和心理上也有提升和调整，在第 26 届世乒赛上，中国乒乓球队发挥很好，获得了男单、女单和男团三项冠军，获得了女团、男单、女双和混双四项亚军，以及八项第三名。从那时起，中国大地掀起了前所未有的乒乓球热，到处是正规的或土造的乒乓球台，一时间出现了五千万人挥拍上阵打乒乓球的热闹场面。

20 世纪 60 年代初，中国的直拍近台快攻打法甚至一度成为世界最先进的打法，代表了世界乒乓球技术的新潮流。第 28 届世乒赛，中国乒乓球队获得了五项冠军、一项亚军和七项季军，这次的成绩在世界上引起了震动，届时国际舆论普遍认为中国是世界头号乒乓球国家，有很多外国友人把乒乓球称为中国的国球。这一时期，中国乒乓球运动发展极其迅速，各种类型的打法争芳斗艳，如传统的直拍近台快攻打法、削球防守型打法等。

（三）总结与创新

1981 年第 36 届世乒赛，中国获得了全部比赛的七项冠军和五个单项的全部亚军，创造了世界乒坛前所未有的纪录，这之后的几次世乒赛，中国在世界乒坛的地位愈发牢固。能够获得如此成绩，和中国乒乓球队大胆起用新人、锐意进取创新球技有巨大的关系。

1982 年，国际奥林匹克委员会通过了一项决定——从 1988 年起，将乒乓球列为奥运会正式比赛项目。这一决定再一次推动了乒乓球运动快速发展。

到了 20 世纪 90 年代，欧洲加弧圈球的技术日趋完善，同时中国的一些优秀乒乓球运动员在国外形成了海外兵团，这些都令乒乓球比赛更加激烈。

进入 21 世纪，世界乒乓球运动逐渐发展成了中国乒乓球一枝独秀的态势，这些都与中国乒乓球运动员不断奋发进取、努力创新中不断进步有着巨大的关系。乒乓球运动能够在中国如此快速发展和普及也和中国人的身体条件有很大关系。

　　乒乓球对运动场地、设施要求不高，所以可参与性极强，如在室内室外都能打，男女老少都可以参加，不管天南海北，也不管天气寒冷还是炎热，谁都能够参与。天气好可以露天比赛，天气不好遇到大风大雨大雪可以到室内去比赛；条件好可以在高级球台打，而条件差水泥台也能打，甚至连球台都没有几张桌子拼起来也能打。同时，它是一项全身运动，健体健脑健心，又没有足球或篮球等运动那种直接的身体对抗，所以能够自主控制运动量，非常有利于全民普及。中国人口虽然众多，但对于身体对抗性的运动欠缺一定的身体优势，而乒乓球偏重技巧和心理，所以非常适合中国人的身体条件，因此得到了众多人的喜爱，普及程度非常高。这些都为中国乒乓球运动的发展提供了坚实的后盾。

第二章 乒乓球运动的价值分析

众所周知，乒乓球在中国一直被誉"国球"，而其中最主要的原因有两点：一是竞技水平长期并一直保持处于国际领先地位，二是普及程度相当高。在村、社区、乡镇等活动场所均能见到乒乓球台，老少皆宜。《全民健身计划（2021—2025 年）》明确指出，到 2025 年，全民健身公共服务体系更加完善，人民群众体育健身更加便利，健身热情进一步提高，各项运动参与人数持续提升，经常参加体育锻炼人数比例达到 38.5%，县（市、区）、乡镇（街道）、行政村（社区）三级公共健身设施和社区 15 分钟健身圈实现全覆盖，每千人拥有社会体育指导员 2.16 名，带动全国体育产业总规模达到 5 万亿元。

本章通过对乒乓球运动的价值进行分析和探讨，为更好地开展乒乓球运动提供参考。分别从三个方面展开论述，依次是乒乓球运动的健身价值、乒乓球运动的文化价值、乒乓球运动的产业价值。

第一节 乒乓球运动的健身价值

党的十八大以来，全民健身国家战略深入实施，全民健身场地设施明显改善，群众性体育赛事活动在繁荣发展，全民健身参与的程度也在不断提高，人民群众生活方式更加文明和健康，全民健身公共服务体系基本建立。到2021年底，中国人均体育场地的面积为 2.41 m^2，经常参加体育锻炼的人数比例达到了37.2%。最近几年，全国各地的全民健身工作在不断完善，全民健身公共服务体系已经被提上了各地的民生实事工程（清单），住房和城乡建设部国家体育总局发文，在城市社区和公园当中，要建设乒乓球台等健身娱乐设施，为推动构建15分钟健身圈提供便利的健身服务。乒乓球运动作为中国的国球，具有普及性、社会性、科学性、群众性、终身性等方面的优点，更加容易开展，中国很多地方在社区和村民活动中心均设有乒乓球运动场所，所以将乒乓球运动作为开展和实施全民健身运动的一个窗口和突破口，将有助于更好地落实全民健身计划。

一、全民健身计划对乒乓球运动发展产生的影响

（一）人民群众的健身热情将得到进一步提高

乒乓球运动是一项很好的健身方式，是一个有氧和无氧相结合的运动。体育运动发展要针对群众的运动基础条件，继续发挥其原有的群众基础较为广泛的优势，将乒乓球运动不受年龄、性别、体格差异而广泛开展的优势绝对化，进一步深化其运动本身所具有的开发潜力。比如可将运动游戏化、器材简单化、规则多样化等。

（二）发展的方向和模式向社会化发展

《全民健身计划纲要》实施后，全民健身公共服务体系更加完善，将带动全国体育产业总规模达到万亿元以上。《全民健身计划纲要》指出："使全社会认识到，身体素质是思想道德素质和科学文化素质的物质基础，全民健身工作是社会

主义精神文明和物质文明建设的重要内容。"① 如果我们在现有乒乓球运动群众基础的前提下，挖掘体育职业的功能，实行社会化目标导向，深入贯彻到实际之中，那么对乒乓球运动将赋予新的内涵，乒乓球工作者一旦把此项运动发展与全民健身联系起来，增强了其历史使命感，工作的积极性也就相应地提高了。在 2023 年 6 月份，住房和城乡住建部国家体育总局联合开展"国球进社区""国球进公园"活动，在北京进行了启动仪式。来自乒乓球国家队的世界冠军选手马龙、樊振东、陈梦、孙颖莎等都积极地参与了此项活动，并来到了现场与群众进行了交流和切磋球技。因此，乒乓球运动发展必须重视"体育社会化"和"社会体育化"的"终身化健身"理念，这对乒乓球运动的改革和发展具有深层次的意义。

二、乒乓球运动的健身价值

"多锻炼，生病少"越来越成为人们的共识。体育运动具有强身健体的功能，乒乓球作为大众项目，自然也不例外。乒乓球是一项集竞技性、娱乐性，健身性和经济性为一体的大众运动项目。其独特的魅力吸引着国人。那么，是什么理由让我们与乒乓球结缘呢？首先，它具有强身健体的效果，打乒乓球要不断地移动脚步和转换挥拍方式，对锻炼手脚协调能力有很大帮助。其次，乒乓球体积小，球速快，经常打乒乓球对视力也有很大提升和保护等。接下来我们通过以下几个方面进行分析和总结：

（一）能够提高人们的身体素质

进行乒乓球运动可以有效使全身肌肉和关节组织运动起来，提高身体的协调性和灵活性，增强动作速度，提高上下肢的运动能力，因此可以有效地促进人身体素质的提高和改善。长期参与乒乓球运动的人，技术和战术通过长期积累会不断地提高，活动范围和运动量等方面也会随之逐渐增加。这不仅增强了自身的速度、力量和身体的协调性，还有助于塑造坚实、强健的肌肉，并提高关节的灵活性和稳定性。

---

① 武玉元 . 大学生体育健康教程 [M]. 哈尔滨：黑龙江人民出版社，2005.

（二）能够调节和改善神经系统的灵活性

乒乓球运动因其明显的竞技性和娱乐性而备受人们青睐，所以也成为一种培养勇气、坚韧、机智和活力，以及调节神经系统的有效运动方式。增强中枢神经系统对身体其他系统和器官的调节能力，可以加快反应的速度。在打乒乓球时，空中球的速度非常快，使用正手攻球时，只需要 0.1～0.3 秒的时间，就能将球打到对手的台面上。这就需要运动员在短暂时间内迅速作出反应，并采取适当措施进行回击。迅速的步伐调整、击球位置的合理选择，拍面角度的细节处理等所有这些活动都是在大脑控制下进行的，击球结束后，大脑还需快速考虑对方打过球的速度、旋转、落点、方向等。所以经常进行乒乓球运动可以大大地提高神经系统的反应速度，有效地提高大脑的反应能力、身体的灵敏能力和协调能力。

（三）能够改善心血管系统的功能

健康来自我们的生活方式，经常参加乒乓球运动，能使心血管系统的结构、机能及调节能力产生良好的适应性，进而提高机体的工作能力。主要表现为以下几个方面：第一，窦性心动过缓，经常从事乒乓球运动的人群，心率脉搏跳动得缓慢而有力，单位时间内搏动次数会减少。健康成年男子安静时心率跳动一般在 70 次 / 秒左右，成年女子为 80 次 / 秒左右；而经常参与乒乓球运动的人，安静时，男子心率为 55 次 / 秒左右，女子为 65 次 / 秒左右。第二，运动性心脏增大，主要表现在心腔增大（区别于病理性心脏肥大），心室壁增厚，主要表现为外形紧实，收缩有力，心力储备高。第三，心血管机能增强，血管中每搏输出量增大，心血管的机能动员快，潜力大，恢复快。

（四）提高呼吸系统的功能

经常从事乒乓球运动的人，呼吸器官的构造和机能会发生良好的变化，主要表现为胸廓发达、胸围变大，既增加了吸进去的量，也增加了排出去的量，为储存气体提供了空间。运动可以使呼吸肌逐渐发达，力量变强，由于膈肌的舒展和收缩的能力提高，肺活量变大，随着运动水平的增高，肺的通气量也相应地增大，运动促进了肺的良好发育，使肺泡的弹性和通透性变大，更有利于气体交换。

（五）能够促进人与人之间的沟通交流

通过乒乓球运动，可以结交朋友，增进彼此间的友谊。参与乒乓球运动，一方面可以彼此进行经验交流，提高自身的球技，另一方面也能够互相学习，增进友谊，建立良好的人际关系。随着经济的发展，人们的物质生活水平不断提高，人们期望可以找到一些高雅、有益健康的活动来放松身心。乒乓球运动结合了健身、竞技和娱乐的元素，很好地满足了这种需求。

现今，"白球"已在城乡、机关学校等地方流行起来，广受欢迎，乒乓球运动已经成为人们喜爱的全民健身运动之一。在学习之余，学生可以通过挥拍对阵的方式来舒缓身体和精神的疲劳，享受乒乓球声带来的愉悦，同时增强体力，振奋精神。

一位美国科学家这样说："如果时间允许，又有一位合适的对手作陪练，那么打乒乓球是提高手、眼配合的最好途径。该运动可使人获益匪浅，它需要敏捷、复杂的行动与当机立断的反应，它还有许多微妙之处，技术、整体配合、节奏感、计谋，对头脑及体能均有很高的要求。在期待和压力并存时，竞赛将充分反映出你非凡的自我完善及自律精神，打乒乓球是开动脑筋的好办法。"[1]中老年人可以尝试多打乒乓球，能够有效地预防老年痴呆，让自己变得更年轻，有活力。

（六）能够提高人的应激能力

练习者因为乒乓球运动所具有的快速和灵活的特点，因此在训练过程中会频繁地处于紧张状态，以确保能够迅速、准确地判断和反应来球的变化。如果经常进行反复的练习，那么就会使人可以在紧急情况下提高调动整个身体机能的能力，提高机体激活状态，可以提高练习者在紧急情况下快速进行反应的能力和水平。频繁地参与乒乓球运动不仅可以增强我们在复杂情境下的决策分析能力和问题解决能力，还有助于提高我们应对困难和紧急事件的应变能力。

与个人的性格特点、学识经验和意志品质息息相关的因素是应激水平的差异。当人处于应激状态时，有些人会感到惊恐，身体会出现颤抖、肌肉紧绷、运动受限的症状。然而，一些人表现出了冷静果敢和应对得当的能力。在实践中只要注重锻炼和加强应变能力，我们就能逐渐提高在紧急情况下的反应能力。

---

[1] 黄安平. 乒乓球文化与技术研究 [M]. 北京：光明日报出版社，2017.

（七）对人的心理产生积极作用

乒乓球是一项竞技运动，比赛中的胜负转换会给参赛者带来巨大压力，参赛者情绪状态十分复杂。比赛对参赛者锤炼心理素质有很多好处，因为他们必须经历各种情绪，同时还要揣摩对手的战术意图并进行战术的应对，让练习者的心理承受能力得到充分锻炼。

1. 可以促进智力水平的发展

频繁的参与乒乓球活动可以有效地调节人体中枢神经系统，提高神经系统和机体的反应能力。这样做可以平衡和调节大脑皮层神经，进而加强人体感知能力，提升和改善大脑思维想象的协调性、灵活性、反应速度等，使得运动者可以具备敏锐的感受力，获得敏捷的思维和丰富的想象力。经常参与乒乓球运动还能够促进个体的空间、时间和动作感知技能的发展，进而提高人体自身对感觉、重力、触觉、速度和高度感知的准确性。这不仅会增强大脑神经细胞的工作韧性，提高耐受能力，还有利于个体的身体健康，可以在很大程度上减轻并改善一些人的大脑上的障碍，比如意识和记忆模糊、朦胧、错觉和幻觉等。

2. 有利于个性心理更加完善

乒乓球崇尚"更快、更高、更强、更团结"的奥林匹克精神，崇尚"公开、公平、公正"的原则，因此通过乒乓球运动来培养和塑造人良好的人格和心理，这点被许多人认同。在比赛一开始，可能会因为一个发球或者一个接球就能定输赢。比赛过程中的僵持阶段，又要不断改变球速、落点和旋转。每局结束后，还要制定下一局的比赛计划和战术思想。因此，参与乒乓球锻炼需要克服困难，同时需要遵守竞赛的规则，在参加锻炼的过程中还需要控制自身的行为，从而最大限度地发挥个人的潜力，并提升参与者的心理素质。

同时，每个参与活动的人都有责任在活动中传递人类先进的思想与共同的愿望，比如团结、和平、友谊、进步等，让自身的品行在合理且规范的竞争中得到锻炼，在做相应选择时，我们应该表达出自己的情感态度和价值观。这些都可以极大地促进个性发展和塑造个性心理，同时也有助于弥补自身的不足之处。

乒乓球运动可以提升参与者的自信、自尊和自豪感，培养自我成长的意识，同时也能让参与者在运动中获得身心的舒缓和愉悦，从而改善整体精神状态。

3.能够有效调节情绪

人们可以通过参与乒乓体育锻炼获得愉悦感。根据一些研究可知,频繁参与体育活动的人会分泌多巴胺和内啡肽等,这些有利于调动情感,让人感到快乐。不管是多巴胺还是内啡肽,它们的分泌与运动强度有着紧密的联系,当人们在运动的时候,身体中会燃烧脂肪,同时,也会增加血液中游离色氨酸的含量,色氨酸是合成血清素的基础物质,血清素对于稳定情绪十分重要,此外,还可以对去甲肾上腺素和多巴胺进行改变,让人感到快乐,保持专注和不懈的状态。当身体运动强度达到最大心率的75%~90%时,身体处于高强度的运动状态,身体的代谢方式从有氧状态转变为无氧状态,导致肌肉缺氧现象的出现,在这种情况下,身体开始分泌内啡肽。这种肽类能够激发人们的活力和情绪,可以振奋人心。一些研究认为,体育锻炼已经成为一种工具,可以让中枢神经系统得到适度的应急,以此来达到愉快的水平。鉴于此,乒乓运动是一项乐趣十足的活动,参与其中可以给人们的心情带来愉悦,鼓舞精神,同时还能缓解生活中的烦恼,减少工作中的压力,消除寂寞和减少自卑心理等不良情绪的产生,让参与者始终保持积极的心理状态。经常参与乒乓球锻炼,不但可以使人产生愉悦的心理,而且可以帮助人们缓解神经衰弱等疾病的症状,能起到一定的改善和治疗作用。毫无疑问,它在缓解因焦虑和压力而导致的神经系统疾病方面具有重要的辅助作用。

4.有利于增强自信和提高抗挫折能力

由于乒乓球运动有个人技战术层面的较量,因此每一次乒乓球比赛的胜利都会增强个人的自信心,并从中获得胜利的喜悦。当比赛失利后,运动员也会通过勤学苦练、教练的悉心指导来提升自己技战术能力。心理抗压能力会经过多次比赛的胜利与失败得到很大提升,并运用到学习、生活和工作中。

因此,对于运动者来说,适宜的乒乓球锻炼可以帮助他们重新审视自我,掌控自我,并提高自我素质。特别是对于那些有忧郁情绪的人来说,乒乓球锻炼可以带来心理上的满足感,获得积极的情绪体验,进而增强他们的自信心,消除忧郁情绪,提高自身的抗挫折能力。

三、结论

经常进行乒乓球锻炼还有助于睡眠，增强记忆力，提高创造力，使心情愉悦。

乒乓球作为一项适合大众参与的、群众性的体育活动，不仅可以使运动者身体得到锻炼，放松身心，而且其在全民健身中扮演着非常关键的角色。乒乓球是一项普及度高、容易学习、器材简单、运动的损伤低、适合全年龄段、容易开展推广的运动项目，因此可以轻松地吸引人们的锻炼兴趣。人们可以在乒乓球运动中，逐渐提高自身的身体机能，实现增加负荷的目的。

人们在乒乓球运动中能保持愉悦的心情，因此，可以达到良好的运动效果，在潜移默化中改善器官功能，全面开发智力。它可以为人们带来身心的愉悦，提升心理素质和意志品质。同时，乒乓球的运动能够提高运动者多种运动能力和综合体育素质。乒乓球运动应当被视为推动"全民健身计划纲要"的重要项目，符合"以人为本、健康第一、终身体育"的教育理念。在各级各类学校中，应当将乒乓球运动列为重要课程，以促进乒乓球运动健身的全面普及和科学化发展，并引导人们选择体育锻炼的正确方向，实现个人终身体育锻炼的目标。

第二节 乒乓球运动的文化价值

不同民族的文化是根据本民族的特征而发展形成的，具有独立的民族特色和社会意识，有着独立的民族性格。在长期的传承过程中，民族文化不断受外来文化的影响，在交流与融合中，逐渐演变并丰富本民族的文化，形成文化的积淀。

民族文化是一个民族在社会发展过程中积累的知识和经验的总和，包括物质、制度和思想三个层面。民族文化是一个民族珍贵的历史财富，具有广泛的内涵和深刻的意义。中国传统文化强调"天人合一"，强调人与自然、人与社会的和谐共处，注重人格的塑造，这些价值观在体育领域中得到了体现，构成了中国独特的体育价值观。

一、中国的乒乓球文化与中西方价值观差异

（一）中国的乒乓球文化

乒乓球文化是体育文化系统中的一个组成部分，可以扩充和充实体育文化内涵，是人类现代社会物质文明和精神文明的重要符号。乒乓球文化具有时代性、历史性、民族性和世界性等特征。中华民族经历了几千年的变化和发展，其悠久的历史和文化在漫长的岁月中逐渐形成了独特的形态，其民族心理和思维方式也随之演变。这些沉淀下来的文化财富和传统，在历史进程中经受了考验并取得了巨大成功，不会轻易被外来文化所替代。由于中国乒乓球运动的发展，乒乓球文化也随之演变并承载着民族特色，这一点也在乒乓球活动和竞技运动员的生涯中得到展现。

自 1952 年中国乒乓球队建队以来，中国乒乓球队经历了 70 年的兴衰与变革。自 1959 年容国团为中国赢得首个世界冠军以来，到目前，乒乓球运动员们已经为祖国夺取了一百多个世界冠军。在 1961 年，庄则栋等选手代表中国获得了团体比赛的冠军头衔，而林惠卿则成为第一个赢得世界女单比赛冠军的中国选手。

中国乒乓球队在世乒赛的 36、43 和 46 届夺得了所有的金牌，这一壮举在世界体育史上是罕见的，造就了历史奇观。

在 20 世纪 70 年代初，中国乒乓球队积极执行党中央的决策，通过开展乒乓外交的方式，成功地促进了中美两国之间交流的开启，这一举措具有重要的历史意义。中国乒乓球队始终保持在世界顶尖乒坛强队之列，并创造了长达半个世纪不衰的传奇。

尽管大球时代已经到来，但中国队仍然在第 46 届世乒赛中拿下了所有冠军，并在 2008 年北京奥运会上收获了所有金牌，展现了强大的实力。中国乒乓健儿早在多年前就开始了他们的夺冠之旅。在这个过程中，他们创造了一系列推崇先进文化的口号、箴言和故事，如"胸怀祖国，放眼世界""人生能有几回搏""胜了从零开始""输球不输人""我是代表集体领奖的""打出风格、打出水平""创新才有生命力"等，这些口号、箴言和故事流传不息，已成为社会共同的精神财富。

因此，作为中华儿女，我们必须抱着热爱和珍视的态度，传承和发扬祖先打造的丰富多彩的优秀的民族文化，这是我们的宝藏、精神归属和独特标识。要在热爱的前提下进行创新，以实现跨越式发展。为了实现这一目标，我们必须注重吸纳和融合外部优秀的乒乓球文化。中国乒乓球文化是在传统历史观的基础上形成的，为了更好地推广和发扬这种文化，我们需要进行思维方式上的变革，去粗取精，丰富其内在含义。这样，我们才能取得更好的成绩，并朝着多元化、时代化的发展方向迈进。

（二）中西方在体育文化中的不同价值理念

中国传统文化对体育运动人才的培养也产生了影响。中国传统体育价值观的形成受儒、佛、道三家的影响较大，表现为注重人格的倾向性。中国传统体育的一个明显特点是通过锻炼身体来促进内在精神的提升，实现完美人格的塑造。这种锻炼从肉体开始，然后扩展到精神层面，使人的身心得到协调发展，塑造理想的人格。

与此相对，西方的传统体育价值观则有很大区别。"古希腊文化与雅典民主制所孕育的崇尚个体享受的祭祀神文化，发展了古希腊独有的人体审美意识、娱乐意识，及从个人原则和人格意识出发形成的体育风尚。"① 因此，西方文化的重要特征之一是倡导个人自由、竞争，鼓励每个人充分发挥自己的潜能和智慧。西方文化所具有的特点表现在体育中主要为对人类力量、耐力、速度、柔韧性、灵敏度等身体素质的完美展示。鉴于此，西方社会体育的主流为更高、更快、更强的竞技体育。

二、中国乒乓球运动社会化的影响

（一）促进乒乓球文化与中国传统体育、传统文化的联系

对于认识和理解中国传统体育，我们应该更加注重探究中国传统体育中所蕴含的哲学思想，而不仅仅停留在运动形式的层面。传统体育其哲学思想并没有中断，和中国当代社会文化相结合，为我们社会生活提供了思维模式。另外，中国传统体育蕴含了许多具有前瞻性的文化精髓，这些特质在当代体育的发展过程中仍然具有重要的指导意义。

中国古代传统体育是在自给自足的农村经济和高度专制的社会背景下逐渐兴起和壮大的。它深受孔、孟、儒文化的影响，其基础模式为保健性和表演性，注重礼仪、宽容和和谐。中国传统体育所蕴含的哲学思想和文化精髓在信息革命催生的后工业时代、以健身休闲为生活时尚的社会环境中得到了再次发扬光大的机会。因此，从文化层面上来说，要想构建体育文化个性，必由之路在于接续中华传统体育文明之根。只有对传统体育与文化内涵中的哲学思想进行深入探索和阐释，并将其与乒乓球文化相结合，才能推动传统体育项目的当代发展和传统文化的传承发展。只有这样才能让中国的乒乓球运动焕发新的光彩，并在全球范围内保持领先地位，立于不败之地。

（二）促进乒乓球运动与教育的融合

立足于狭义角度，体育是一种教育活动，通过身体运动来提高人类的身体素

---

① 黄安平. 乒乓球文化与技术研究 [M]. 北京：光明日报出版社，2017.

质，增强体质。体育所具备的教育性是由其本身固有的属性所决定的，决定着体育的性质、特点与发展。在中国体育领域，在构建体育文化中，体育的本质属性模糊是一大难题。当我们参加乒乓球比赛争夺奖牌，这是必要的。但是，如果我们过于强调夺标争金，将其作为体育的根本目的和属性，就会忽视教育体育的本质。这种情况下，中国体育会面临异化和退步的风险，乒乓球作为一项深受国人喜爱的运动项目也将失去其所具备的、重要的健身、竞技和增进友谊的内涵。

在顾拜旦的观点中，对青年实行民主教育的最好方式就是竞技运动，而奥林匹克运动的目的则在于将竞技运动纳入教育系统之中。显而易见，将体育和教育紧密结合起来，可以在运动过程中让人接受深刻的教育，同时获得美的享受。

在中国，乒乓球是一项受众广泛的运动项目，因此，相关的知识、技术和技能也获得了广泛传播。由于其受欢迎程度非常高，因此乒乓球被称为是"国球"，这将有助于推动乒乓球在中国的发展。乒乓球文化的传播一方面推动了体育运动的发展，提高了国民身体素质，另一方面拓展了中国社会精神文明的内涵，积极促进了社会的繁荣发展。

（三）促进横向共同体的文化交流

随着现代世界群体和民族之间文化交流的不断加深，文化间的差异逐渐减少。这种文化互动，可能会出现文化共生，也可能会引起文化冲突，但无论哪种方式，都会产生代表当代特点的文化特质。在这种文化环境下，乒乓球体育文化与其他社会文化以及外来文化的信息交流和文化互动变得至关重要。在文化互动过程中，文化冲突是不可避免的。我们应该秉持和而不同的原则，以促进文化互动。

在保持乒乓球体育文化系统相对稳定的同时，我们需要寻找与其他文化形式的接触点和切入点，将整个社会文化的背景作为参照系，不断调整与自身相适应的文化架构。只有与社会文化、外来文化进行良性的互动，才能保证乒乓球文化形成自身的、具有时代特色的文化主题，以此促进中国乒乓球运动的发展，进而促进整个体育运动的持续向好发展。

三、乒乓球运动文化与学风

体育自古以来就是人类文化发展的重要标志之一，起源于社会文化现象，在人类文明的进程中扮演着重要的角色，促进了人类的进化和社会的繁荣。随着全球文化和国际体育的普及和扩大，人们越来越重视探索体育的文化价值。随着国际体育大赛的举办和参与，人们开始借鉴其他民族的体育文化，并在此基础上发展本民族的体育文化。同时，这种文化交流也扩展到其他领域，使得国际体育大赛成为推动民族文化国际化进程的重要手段，这一现象具有明显的时代特征，是时代发展的必然产物。

学风主要指的是学习和研究的氛围，而文化学习和研究的结果对社会的影响是不可控制的，是不以人的意志为转移的。乒乓球从业人员在教学时应以科学、历史、严谨、真实的态度开展治学活动，同时倡导创新思维，不断追求创新目标的精神。我们应该抵制浮躁、孤傲、虚无以及玄学怪论等不务实的内容与观点，应该保持继承、借鉴、发扬、创新、争强、超越的信念。

乒乓球体育文化具有良好的情感调节作用，作为人类文化不可或缺的一部分，它不仅可以在紧张的工作和学习之余为身心提供恢复的方式，而且可以作为人们娱乐、享受和愉悦的有效途径。乒乓球体育文化可以提供身体放松运动、参加竞技比赛以及与自然互动等活动，以满足人们在生理和心理层面的需求，充实他们的精神文化生活，同时培养他们的美感。通过体育文化的审美价值与人们的情感体验的融合，我们可以在情感体验中获得内心的充实，提升自己的精神追求和美学修养，进而促进高尚品德和审美情趣的培养，推动构建和谐社会。

四、乒乓球运动与协作意识

（一）乒乓球运动增进协作意识

协作意识是体育意识的基本内容之一。协作就是彼此合作，齐心协力。有人把协作精神比作大雁的飞行。据专家通过风洞实验表明，成群的"V"字形雁队要比一只孤雁能多飞 12% 的距离。人类也是这样，只要能与同伴合作而不是彼此争斗，事业发展会更快、更好，走得也更远。

在乒乓球运动中，团队合作精神得到了充分体现。达成练习目标需要两名运动员相互合作。在比赛中，场外指导可以帮助选手识别对手的弱点和自身的不足。在双打比赛中，需要两人之间默契配合，才能够获得胜利。只有团结协作，互相补充，才能在团体比赛中取得最终胜利。由于乒乓球运动具有强烈的团队氛围和协作性质，因此进行乒乓球运动可以培养团队合作和协同精神。

然而，形成协作意识并非短时间内可以完成的事情，而是在长期的锻炼过程中逐渐建立，需要运动员参与乒乓球练习、比赛等一系列活动。这是一种长期的、潜移默化的过程，如果在日常生活中逐渐培养这种精神，并且将这种精神运用到工作、学习和生活中，则有助于事业的成功。

（二）乒乓球运动促进协作能力

良好的协作能力是现代社会对人才的一项基本要求。在科学技术飞速发展的时代，单凭几个人的知识和能力完成一项重大科研任务的可能性很小，它往往通过多人的努力，以及多学科或多学科交叉进行才能实现。同时，这些重大活动还要求每一个参与者都必须具备良好的协作能力。

乒乓球运动以它特殊的方式，培养着所有参与者的配合协作能力，使之在人际交往和工作合作中具备通向成功的条件。

五、乒乓球运动能够增强终身体育理念

国务院在《全民健身计划纲要》中要求学校"对学生进行终身体育的教育，培养学生体育锻炼的意识、技能与习惯"。倡导全民做到："每人每天参加一次以上体育健身活动，学会两种以上体育健身方法"。全民健身运动是一种文化和运动的倡导，它的目标就是增强人民体质，培养终身体育的思想。随着中国教育改革的深入，学校教育越来越重视学生人性的发展，乒乓球选修课受到越来越多的大学生的喜爱。[1]

大学生通过观看乒乓球比赛，可以学习到乒乓球相关技能和战术等知识，了解比赛规则和方法，还可以了解乒乓球的历史文化，知道当前主流的战术打法，

---

[1] 肖艳丽，臧科运，薛敏．我国体育课程价值取向研究 [M]．西安：陕西科学技术出版社，2020.

这样可以提高他们的欣赏水平，进一步提高自身的战术水平，并深刻理解乒乓球文化。此外，他们可以学会如何利用乒乓球进行健身，从而建立起终身乒乓球运动基础。

六、乒乓球运动能够体现创新精神

创新是一个不断创造、发展和进化的过程，事物只有持续不断地进行创新，才能不被淘汰，才能实现事物的持续发展和生存。创新是一种态度，同时也是一种精神。就某一意义而言，人类社会的历史可以被视为一部不断创新发展的史书。没有创新意味着缺乏进步与机会，因此，一个国家、一个民族、一个团体，若想获得发展与前进，就必须不断地创新。纵观乒乓球运动的发展史，我们可以看到其时刻体现出的创新精神。

乒乓球运动从 1926 年首届世界乒乓球锦标赛开始，到如今，不断创新发展，从最初的使用木板击球逐渐发展出各种海绵胶皮击球，并且打法也由单一逐渐演变成多样化的打法。世界乒乓球运动因为创新而产生了巨大的变化，每一次乒坛历史上的"革命性"突破，都是由于打法、技术或球拍的创新而引发的。

第三节　乒乓球运动的产业价值

一、乒乓球运动产品的商业化发展

乒乓球是一项深受人们广泛关注的运动，围绕在这项运动周围的还有许多与之紧密联系的商业行为，它们衍生出相关商品、提供相关服务，最终让乒乓球这项运动出现了商业化的发展方向。需要说明的是，只有当乒乓球运动发展到一定水平后，这种商业化才会出现。乒乓球运动商业化发展会让这项运动的参与者或欣赏者都能更多地从中体会到良好体验，体会到一种更加舒适和"精致"的感觉。

（一）乒乓球运动产品的发展进程

中华人民共和国成立后，党和政府非常重视体育育人的作用，支持包括乒乓球运动在内的多项运动的蓬勃开展。就乒乓球运动来说，一些器材生产厂商也随之建立，生产各种乒乓球器材，为这项运动在中国的推广奠定了物质基础。

在器材变革的带动下，也孕育出了新技术，弧圈球技术的出现正是得益于此。当时国际乒联对于新器材的诞生还没有作出具体规定，使得当时球员们使用的胶皮和海绵等许多器械设备规格不一，如此就导致球员们会因为器材的革新程度不同而较大影响运动水平。但无论如何，这一时期的器材创新对未来乒乓球器材的快速发展打下了良好的基础，影响非常深远。

在 20 世纪 50 年代末期，中国乒乓球运动在竞技领域有了重大突破。1959 年，中国选手容国团获得了中国第一个世界冠军。1961 年，北京举办了第 26 届世界乒乓球锦标赛。这项代表乒乓球运动最高水平的赛事在中国举办，受到了党和国家领导人的高度重视。在这届世锦赛上，包括纪念品在内的器材和设备几乎都是由"红双喜"品牌器材提供。直到今天，红双喜仍是众多乒乓球爱好者和运动员热衷的器材品牌。

20 世纪 60 年代，傅其芳等人带回来了一批国外生产的乒乓球器材，品牌有日本的蝴蝶、YASAKA 等。这些器材在当时来看是非常昂贵的，并且数量稀少，只够国家队中几位重点队员使用。当这些队员使用淘汰后，由二线队员继续使用，可谓将这些进口器材的使用价值开发到了极致。这里需要强调一名对中国乒乓球运动发展作出贡献的球员，他就是张燮林。张燮林于 20 世纪 60 年代使用了一种长胶，并且依靠这种特殊的胶皮衍生出的打法多次获得世界冠军。退役后的他继续为乒乓球事业做着贡献，其贡献的主要方面就在于对国外乒乓球器材的引进。

1972 年 9 月，天津橡胶研究所研制出了一款胶皮，受到运动员的广泛好评，当年的产量就达到 5 万张，为了纪念这款胶皮的成功研制，特根据其研制成功的时间命名为"729"胶皮。"729"胶皮的研制成功，不仅为乒乓球运动产品的改进奠定了基础，同时，在很大程度上推动了中国乒乓球技术的进步。不过，鉴于当时的历史背景限制了包括乒乓球运动在内的多项体育运动的国际交流，一时间对国际乒乓球的发展情况了解较少，没有机会与当时出现的弧圈球选手过招，也没有对防弧胶皮的出现有更多的了解，以至于后来中国选手在外战中再度处于劣势。

到了 20 世纪 80 年代初期，中国乒乓球还是没有找到较为理想的克制弧圈球的办法。为了攻克这个瓶颈，中国开始尝试从引入国外乒乓球器材入手，特别是对国外胶皮的引进。引进较多的是以瑞典品牌 STIGA 为主的欧洲胶皮。1985 年，STIGA 公司与中国队签约，确定以商业运作的方式为中国队提供底板，推出专供中国队使用的球板，命名为"阿瓦拉"。该品牌由中国体育服务公司注册，品牌所有权归中国。

20 世纪 80 年代中期以后，一大批外国乒乓球品牌的器材来到中国。

时至今日，中国许多乒乓球器材生产商生产出的一系列乒乓球器材已经与世界著名品牌相差无几了。但在新材料的运用和产品的精细度等方面仍旧有一些差距，这是未来中国乒乓球器材生产需要提高的地方。例如，在当前国际乒联对运动器材新规格的限定下，众多乒乓球厂商都在研发内能技术，其中对海绵的研发是重中之重，这方面，德国、日本引领的"蛋糕海绵"技术是目前最先进的，中国厂商也一改传统使用的高密海绵，开始着重对"蛋糕海绵"的研究工作。

经过几十年的发展，现如今，红双喜、"729"、世奥得、拍里奥等都是中国乒乓球器材知名品牌。中国作为乒乓球运动大国，有着雄厚的乒乓球运动基础，由此自然也就成为乒乓球器材最大的消费市场。仅中国，就有上百家乒乓球器材生产厂家。

近些年来，中国乒乓球品牌也非常重视在国际中提升自己的品牌影响力，拿下了不少国际比赛的用球和球台的合同，由此逐渐打开了国际市场，在国际乒乓球器材领域中也占有了一席之地。第 45 届、第 46 届、第 47 届世锦赛，中国的红双喜和双鱼球台均被作为比赛球台使用，其中，红双喜的"彩虹"系列球台得到了国际乒联和广大运动员、教练员的一致好评。在此后的多届世锦赛和奥运会中，中国乒乓球品牌出现的频率越来越高。

通过上述对中国市场中乒乓球运动产品发展历程的阐述可知，目前中国自主乒乓球运动器材品牌发展势头良好，但鉴于这些品牌的创新技术较少，品牌影响力不足，在与国外器材品牌的竞争中处于弱势地位。为了使中国乒乓球运动器材品牌能够在未来有长足进步，需要中国的器材生产厂家团结一致，悉心研究，朝着集团化，品牌化的方向发展，研发出质量过硬、品牌效应良好的国产器材，扭转大众对外国品牌的盲目追捧，从而为中国乒乓球运动器材在国际上站稳脚跟作出贡献。

（二）乒乓球运动产品未来发展方向

1. 树立发展意识

人是发展的动力和主体，自然要在发展中占据主导地位，发展的最终目的也是为人服务的。现如今，各个行业的发展都追求一种可持续的状态，这里面包含最多的体现在社会与经济层面。为了保证可持续的发展，就需要全社会共同努力，共同参与。

就乒乓球运动器材制造业的可持续发展来说，需要的就是树立新型发展意识，注重人在创新发展中的主动性作用，以人为本地搞创新。对乒乓球器材这一飞速发展的行业来说，最核心的是意识的创新，在实践中体现在新材料的创新上。

就球板来说，国际乒联对球板的样式早已作出了规定，创新的核心就在于球板的材质。从过去到今天，球板材质已经经过纯木、芳基纤维、碳素纤维、竹纤维、玻璃纤维、芳碳混织、纳米材料等多次创新，而且在这一领域的创新不会停止。球板材质的创新是标，技术人员的创新意识才是本。只有树立创新发展的意识，才能在具体的技术领域中突破传统，进而在整个行业中保持领先位置。

2.将科技创新与人才培养进行有机结合

影响乒乓球运动器材发展的因素有很多，其中最重要的就是人与科技。

第一是要培养相关领域的专业人才，在其领导下能够将创新意识融汇到器材制造中，体现在实践上，如此使产品质量得到提升，并且通过科学的管理，能够高效利用体育资源，创造出更高的制造价值，再加上良好的营销手段，从而使市场不断得到拓宽，使生产、销售和使用三个环节有机地结合起来，由此才能持续推出对乒乓球运动发展起到积极作用的高新产品。

第二就是注重将最新科技成果与乒乓球器材相结合，此外还不能忽视建立研发中心和产品质量检验中心，这对产品的可持续升级换代无疑能起到促进作用。

二、乒乓球运动竞赛的市场化发展

（一）乒乓球赛事市场开发的回顾

中国乒乓球赛事市场开发首先是从擂台赛开始的，其次是带有浓厚职业化色彩的中国乒乓球俱乐部联赛，再有就是一些商业性赛事。下面就对这三类赛事进行回顾阐述。

1.乒乓球擂台赛

擂台赛是一种历史非常悠久的比赛方式，比赛双方的胜者一方成为擂主，此后的比赛目标在于守擂，而挑战的一方是攻擂。具体来看，中国组织的影响力较大的乒乓球擂台有以下几种：

（1）世界冠军挑战赛

1995年，绍发公司冠名的世界冠军挑战赛先后在大连、大庆、厦门和福州举行了四场擂台赛。为了提升这几场擂台赛的观赏性和含金量，赛事邀请到了当时乒坛的明星级球员瓦尔德内尔和阿佩伊伦等人。这种赛制的举办是一种对乒乓球运动商业化的探索，广大乒乓球爱好者对比赛感到满意。这也标志着中国乒乓球市场开发的第一步已经迈出。

（2）CCTV杯擂台赛

1996年，由中央电视台主办的"CCTV杯"乒乓球擂台赛打响第一场比赛。

之所以中央电视台对这场赛事给予全力支持，是因为看好乒乓球的未来市场。该擂台赛每周一场，观众群体稳定，赛事影响力逐渐扩大，后来逐渐有许多企业想赞助赛事。尽管这次赛事更加成功和被认可，但从总体来看，乒乓球运动赛事的发展仍旧处于摸索阶段，市场化程度仍旧不高，资本投入还相对有限。但好的一面是从中积累了大量乒乓球运动竞赛市场运营的经验，为进一步开发乒乓球市场创造了条件、奠定了基础。

（3）爱立信擂台赛

1997年，爱立信冠名了乒乓球擂台赛，该项赛事全年共设23场，比赛时间一般为每周六的下午。总体来说，赛事的举办较为成功，在业内具有一定的影响力。此后爱立信继续冠名1998年和1999年的乒乓球擂台赛。从这三年的擂台赛中可以看出，乒乓球市场的运作在有条不紊地发展之中。

（4）长城汽车国际擂台赛

2000年和2001年，长城汽车冠名的国际乒乓球擂台赛是乒乓球迷非常关注的赛事。

（5）U17国际青少年挑战赛

2002年，第1届"云台山杯"U17国际青少年乒乓球挑战赛在河南省焦作市举行。该项赛事旨在挖掘和培养优秀青少年乒乓球运动员苗子，再加上国际优秀青少年选手的参赛，使得这项赛事也有助于中国乒乓球队了解世界同年龄段选手的发展情况。中国球迷耳熟能详的马龙、丁宁等知名运动员都是当年从这项赛事中脱颖而出的代表。

2. 中国乒乓球俱乐部联赛

（1）"红双喜杯"中国乒乓球俱乐部联赛

1998年，首届由红双喜公司冠名的中国乒乓球俱乐部联赛举行。这项赛事的创办标志着中国乒乓球职业化道路的开端。

（2）"阿尔卡特杯"中国乒乓球俱乐部联赛

1999年，第二届中国乒乓球俱乐部联赛举行，联赛冠名为"阿尔卡特"。

（3）"鲁能杯"中国乒乓球超级联赛

鲁能集团从2000年开始冠名中国乒乓球超级联赛。随着乒乓球职业联赛如火如荼地举行，赛事包装和推广能力进一步提升，赛事影响力的加大也引起了世界其他国家的高手的参赛兴趣，一时间，佩尔森、福原爱、朱世赫、波尔·奥恰洛夫等都加入这个联赛当中。这样的国际化联赛无疑增加了中国运动员和世界高水平运动员之间的交流，为中国乒乓球运动的发展作出了巨大的贡献。

3. 商业性赛事

在乒乓球运动中，中国早在 20 世纪 80 年代时就曾派出运动员参加国外的商业性赛事，但能够有幸参加这种比赛的运动员毕竟是极少数。

1999 年，致力于开放中国乒乓球运动市场的北京三鼎体育有限责任公司成立，在创建伊始就大力在青少年中推广乒乓球运动。

2004 年，在国际乒联和中国乒协的承办下，湖南卫视负责赛事的包装与宣传，"国球大典"乒乓球推广活动问世，这对于湖南卫视这一全国著名的娱乐传媒频道来说也是首创。该项赛事集商业性、观赏性和娱乐性为一体，目标在于为乒乓球迷献上一场视觉盛宴。在国际乒联的强力支持下，活动非常成功，社会影响力较大。至此使得国际乒联认定该赛事为 A 级赛事。

2008 年，"国球大典"再燃"战火"。这一年度的赛事与过去相比增添了更多娱乐元素，如进一步完善全民选拔赛、乒乓嘉年华活动和世界乒乓球总冠军赛。其中全民选拔赛带来的大众乒乓球热潮效应巨大，主办方创新了乒乓球选手海选的思路，将优秀民间高手甄选出来与世界名将过招，这使得赛事的看点十足。

2014 年，"相约苏州世锦赛·李宁红双喜杯"乒乓球协会会员联赛在遵义举行。该项赛事在当年共设 19 站，并且在年终还设有总决赛，总决赛地点设在 2015 年世锦赛举办城市——苏州，这种办赛方式与"全民共享世锦赛"的口号是非常契合的。

（三）乒乓球赛事发展的相关建议

以当前体育运动市场的发展趋势来看，竞技表演业的市场化程度发展良好，力度也较大，得到的受众认可也较多。因此，包括乒乓球运动在内的项目在赛事的组织形式和突出娱乐性方面都要紧随趋势，力争将乒乓球运动打造成集竞技性、观赏性、娱乐性于一体的发展型运动项目。为此，就需要在发展过程中采取如下措施：

1. 健全有关机制

充分保障乒乓球赛事市场运行机制的健全，注重吸收其他市场化程度较高的运动项目的发展经验，以此来保证乒乓球赛事的市场运营管理水平逐步提升。

2. 解决好保障工作

解决好专业队、国家队与俱乐部各方利益的保障工作。特别是在保障集体利益的基础上保障运动员的个人利益，这是乒乓球运动市场化中不容忽视的问题。要以运动员为本，注重解决他们的重要关切，始终秉承运动员才是赛事的重要资源的宗旨，如此才会对乒乓球运动赛事的发展产生非常重要的影响。

3. 注重赛事质量

提高乒乓球赛事质量，邀请到时下颇受关注的选手，在安排对阵的时候也要灵活巧妙，确保每场对阵都有较高看点，竞技水平高超。除此之外，在电视转播环节应更多尝试现场解说，由此可以照顾到更多比赛细节，这样能够传递更多比赛信息给观众，让他们有一种身临其境观赛的感觉，提升了他们的观赛体验。

4. 加大推广力度

全面提升乒乓球赛事的推广力度。为了提升影响力，就必然需要多种媒体的多元化"广播"，如此才能对乒乓球赛事平衡、稳定、持续的发展起到助推作用。

三、乒乓球运动的职业化发展

在 21 世纪的今天，许多体育运动的发展都进入了职业化阶段，职业化的趋势是体育运动发展到较高水平后的必然结果。体育运动的职业化有利于运动水平的进一步提升，乒乓球运动员要刻苦训练，科研人员也要在技术研究中努力获得新成果。

目前，乒乓球运动也在朝着职业化的方向发展，其主要体现在乒乓球俱乐部的发展上。

（一）乒乓球俱乐部的发展

1995 年 12 月 10 日—13 日，中国举办了首届乒乓球俱乐部赛事。这次赛事的赛制与以往不同，采用双轨制的方式，即运动员以双重身份参加比赛，他们不仅可以代表省、市队参加全运会、全国锦标赛等全国正式比赛，而且还作为某俱乐部的球员参加俱乐部之间的比赛。

俱乐部之间的赛事还有一点值得一提，就是临时注册的俱乐部可以与正式注册的俱乐部一同竞技。本届比赛有 19 个俱乐部参赛，共有男女运动员 65 名。在这 19 个俱乐部中，只有 4 个俱乐部为正式注册的俱乐部。这次比赛无疑是对中国乒乓球运动俱乐部模式的一次初探，对今后乒乓球运动职业化的发展产生了深远影响。这次赛事后，又有众多俱乐部申请加入这项赛事中。

1996 年 12 月 18 日—21 日，第 2 届乒乓球俱乐部赛事举办。与上届赛事不同的是，本届赛事鉴于公平性的问题，禁止了临时组建的俱乐部的参赛资格，以至于参加本届赛事的俱乐部数量只有 4 个。这样自然也就使本届赛事的含金量大打折扣，然而坏事最终变成了好事，经历了这次尴尬的赛事，中国乒乓球主管部门下定决心要扩大乒乓球俱乐部的发展模式，再加上俱乐部方面对职业化改革的建议和期待，最终中国的乒乓球俱乐部赛事的赛制获得了一次重大改革，由此孕育出了"CCTV 杯"中国乒乓球擂台赛，这是中国乒乓球协会和中央电视台联合推出的一项以俱乐部为参赛单位的公开赛事。

1996 年，第 1 届中国乒乓球俱乐部超级联赛举行；1997 年，赛制改为更加公平和正规的主客场双循环制。此后中国的乒乓球俱乐部赛事越发完善，俱乐部建设更加有序合理，虽然直到今天乒乓球俱乐部的发展还有一些瓶颈问题尚未得到妥善解决，但这一发展模式是正确的，是符合现代竞技体育发展潮流的。

（二）乒乓球俱乐部的类型

中国的乒乓球俱乐部根据其性质、归属、专业化程度的不同有许多分类，其中较为主要的几种类型如下：

1. 正规乒乓球俱乐部

正规乒乓球俱乐部是指在乒乓球运动协会和工商行政管理部门规范注册的从事乒乓球相关活动的组织。与其他类型俱乐部的不同点在于，正规俱乐部要缴纳一定数额的注册资金，拥有完备的管理体系，如有董事会、法人等，其经营模式也是以企业的方式进行，与中国长期存在的专业运动队模式截然不同。

2. 单纯冠名赞助的乒乓球俱乐部

单纯冠名赞助的乒乓球俱乐部的俱乐部本质不变，只是售出了俱乐部的冠名权。俱乐部本身的管理还是由原有管理机构负责。目前中国这种形式的俱乐部数量较多。

3. 联合经营的乒乓球俱乐部

联合经营的乒乓球俱乐部内部有多个管理主体，一般是由体育事业单位（运动队）和企业组成。两个管理主体分工协作，发挥各自的管理优势，力争实现共同的管理目标。

4. 民间商业乒乓球俱乐部

民间商业乒乓球俱乐部主要存在于全国各级基层行政区内。其主要功能在于培养青少年或乒乓球爱好者，同时提供场地租赁服务。现如今，这类俱乐部也做一些乒乓球器材品牌的代理营销活动。

（三）乒乓球俱乐部发展的措施

只有找到恰当的解决措施才能消除问题给发展带来的阻碍，为此，提出以下几项措施：

1. 有针对性地完善管理体制

乒乓球运动的职业化是运动发展到一定水平后必然出现的趋势，这是不可逆的。因此就应该顺势而为，制定专属职业体育俱乐部的管理体制，让俱乐部的职业化进行得更全面、更彻底。为此，应设立俱乐部运营总经理职位，总经理直接对董事会负责，对球队和各职能部门进行统一管理，应设立总教练职位，专门负责俱乐部的日常训练和比赛工作，总教练对总经理负责。

目前，中国乒协所倡导的俱乐部职业化要求中也提倡以遵循纯市场化和依照企业管理制度为宗旨的俱乐部体制建设改革。要想做好乒乓球俱乐部的职业化转变，就必须在这方面有所转变。

2. 加大制度建设的力度

对于乒乓球运动俱乐部的发展来说，要重视制度建设，探寻适合乒乓球运动职业化发展的制度，这里有些可以借用其他成熟职业运动发展的经验，有些则需要根据乒乓球运动的专属特点来制定。

①采用合同制和聘任制雇用俱乐部工作人员，包括运动员和教练员。

②在多项用人制度中突出竞争机制。

③杜绝"大锅饭"的现象，成绩与绩效挂钩。

④建立科学训练、重点对待和分管制的训练机制。

⑤量化考核标准，采用奖罚分明的激励机制。

⑥注重建立监督约束机制。

3. 加强市场的拓展与宣传

乒乓球俱乐部的发展形势很大程度上依赖于体育市场的活跃程度。因此，进一步推动乒乓球运动职业化进程就需要从拓展乒乓球运动市场着手，为此应做到以下几点：

第一，尽量将俱乐部联赛与国内外赛事协调得当，注重维护俱乐部的自身利益，维护乒乓球运动市场，打造良好的联赛文化。这对于乒乓球俱乐部的可持续发展是一种莫大的保障。

第二，从总体角度考量乒乓球运动职业化的发展，对于市场的拓宽与宣传，除在国内要有一定影响力外，对国外也要进行宣传，吸引国际知名运动员加盟到中国乒乓球俱乐部中参赛，力争将中国的乒乓球俱乐部联赛打造成在世界范围内都有重大影响力的高水平联赛。

第三，在拓展市场的过程中要注重运用各种文化传播的方式，利用多种媒体的宣传影像，特别是运用好互联网的宣传能量。此外还应通过明星与民间擂台赛、俱乐部 Logo 纪念品等方式扩大俱乐部的影响力，让更多的人知晓和喜爱乒乓球俱乐部。

4. 重视俱乐部的文化建设

包括乒乓球俱乐部在内的所有体育运动，俱乐部的运营包含非常多的职责，当然其基础工作是针对运动员的日常训练与比赛任务，此外还有一项重点工作就是进行良好的俱乐部文化建设。具体内容包括培养运动员的集体主义精神和竞争意识，以此来提升队伍的凝聚力，打造俱乐部的健康形象。职业乒乓球俱乐部也是体育市场化的重要代表，应避免运动员或俱乐部无节制地追求经济利益。

第三章 乒乓球运动学的基本理论

本章的主要内容是乒乓球运动学的基本理论，分别从四个方面进行论述，依次是乒乓球拍的基本知识、乒乓球运动的常见术语、乒乓球运动的生理学基础、乒乓球运动的功能特点。

第一节　乒乓球拍的基本知识

一、球拍的组成

完整的乒乓球拍由三个部分组成：底板、海绵、胶皮。一个球拍性能的好坏主要从以下几个方面考虑：弹性、摩擦力、出球速度、稳定性（控制）。

二、胶皮的种类

乒乓球拍胶皮的种类很多，性能不一，各有优缺点，比赛中对手使用的球拍胶皮也不尽相同。因此，我们有必要了解各种不同性能的球拍胶皮，做到"知己知彼"。

（一）正胶海绵拍

1. 特点

正胶海绵拍是指在海绵上贴一块胶粒向外的胶皮，胶粒的高度一般在0.8～1mm之间，胶粒短，较硬，黏性较差，也叫短颗粒胶皮。胶粒直径差不多等于胶粒距离胶面的高度。海绵厚度一般在2～2.2mm。

2. 性能

正胶海绵拍的反弹力较强，回球速度快，稳定，有一定的摩擦力，适合初学者，但制造旋转的能力不如反胶，适合快攻型打法。

3. 球员代表

庄则栋、李富荣、江嘉良、谢赛科、刘国梁等。

（二）反胶海绵拍

1. 特点

反胶海绵拍是在海绵上贴一块表面平整、柔软、光滑、有较大黏性、颗粒向内的胶皮，是最常见的一种胶皮。

2. 性能

反胶海绵拍的摩擦系数大，控球能力强，击球稳定，很容易控制来球，能打出强烈的旋转球，适合弧圈球技术和弧圈球结合快攻打法。

3. 球员代表

李晓霞、张怡宁、马龙、樊振东等。

（三）生胶海绵拍

1. 特点

这种球拍是在较薄的海绵上贴一块生胶皮，颗粒短，较柔软，弹力较小，胶皮颗粒的高度在 0.8～1mm 之间。颗粒直径大于颗粒距离胶面的高度。海绵厚度一般在 1.8～2mm。

2. 性能

生胶是比较难控制的胶皮，所以在业余球友里使用得较少。生胶是含胶量比较高的胶皮，胶皮较硬。生胶海绵拍的弹性不大，摩擦力较小，不容易制造旋转，击出的球速度较快，略带下沉，能减弱对方拉弧圈球的威力，在控制球方面有一定成效。由于其不容易造成较大的旋转，所以运动员击球时需要更多地依靠本身主动发力，但接旋转较强的拉球，容易打滑下网或将球产生漂浮状态。生胶打法的运动员更需要有扎实的基本功，在出手时要更加地果断和坚定，所以比较适合主动进攻运动员的打法。

3. 球员代表

河野满。

（四）长胶球拍

1. 特点

颗粒朝上，颗粒的高度一般在 1.5～1.7mm，长胶胶粒下面的海绵较薄，厚度一般在 0.8～1mm，胶皮柔软，颗粒细长，支撑力小。可直接在底板上贴一块胶皮，也可在薄海绵上加贴一块胶皮。

2. 性能

俗话说"长胶打的好，身边球友少"。用长胶球拍打球产生的旋转变化，往往使对手很难适应，使对手的心里急躁。长胶是不能主动制造旋转的，它主要依靠来球的旋转或冲力增加回球的旋转强度或旋转变化，因为长胶胶皮颗粒碰到球的时候，吃球的深度不够，一碰就倒，不像反胶那样，接触球的面积较大，容错率就大。与反胶相比，长胶是可以抵消旋转的：如对方拉过来的上旋球用挡球回击，则变为下旋球；如来球下旋，用搓或推回击则变为上旋球；对方发不转球，接过去则为下旋；对方发下旋球，接过去则为不转球等。长胶的发球多为不转球，其控球能力需要通过长期的训练才能形成，同时击球速度较慢，难以发力攻球。

3. 球员代表

张燮林，邓亚萍。

（五）黏性胶皮与涩性胶皮

1. 特点

黏性胶皮表面有黏性，制造旋转的能力较强，但速度相比涩性胶皮较慢。黏性胶皮偏硬，涩性胶皮偏软。黏性胶皮出球速度慢，但制造旋转容易，发球、搓球更转，同样也吃对方的旋转。

2. 性能

黏性套胶搭配高密度海绵，因为高密度海绵硬度大，能够增加球速。涩性胶皮制造旋转主要依赖于海绵的形变，增加球接触胶皮，在胶皮停留的时间。

三、握拍的方法

握拍是学习乒乓球的入门技术。正确的握拍方法可提高手、臂及手腕的灵活性，为日后技术的提高打下良好的基础。因此，初学乒乓球的人一定要学好握拍技术。

基本的乒乓球握拍方法分为直拍握法（小刀）和横拍握法（大刀）两种，不同的握法各有其优点和缺点，也会产生各种不同类型的打法。其中，直握拍反手推挡好，防守好，便于左推右攻，台内攻球（挑打）灵活，正反手交替击球变换快，拍形变化不大，动作较为隐蔽，但退台球较为被动（主要指反手攻球较难，反手推挡退台后进攻性大大降低），是中国和日本的传统握拍方法；横握拍正反手攻球力量大，反手攻球与直拍握法反手攻球相比大大改善，更容易发力，也便于拉弧圈，控制范围较大，是欧洲的传统握拍方法。现代乒乓球运动对这两种握拍法都有所提倡，但横拍握法更趋于时尚。

（一）直拍的握法

1. 快攻型直拍握法

使拍柄贴在虎口上，以食指第二指节和大拇指的第一指节分别压住球拍两肩并构成一个钳形（中钳式），两指间距离适中，其余三指自然弯曲叠置于拍后，中指第一指节侧面顶在球拍背面约三分之一处。一般情况下，正手和反手都用同一面击球。正手攻球时，拇指压拍，食指放松，小指与无名指协助中指顶拍发力；反手推挡时，食指压拍，拇指相对放松，小指与无名指亦协助中指顶拍发力。这种握法的特点是手腕较为灵活，发球变化多端，便于利用手指的变化来改变拍形角度，能够更敏锐地调节用力方法和用力方向，便于处理追身球和台内小球。缺点是反手受身体的限制，不利于发力，只能是被动地推挡过去，尤其是远台时，更是处于被动状态（图 3-1-1）。

图 3-1-1　快攻型直拍握法

2. 弧圈形直拍握法

弧圈形直拍握法和快攻型直拍握法基本相同，只是在正手拉弧圈时，拍面背后自然叠放的三指略微伸直，以便于击球时能够较好地保持前倾拍形的稳定（图 3-1-2）。

图 3-1-2　弧圈形直拍握法

日式弧圈形直拍握法有所不同，拇指的第一指关节在拍前紧贴拍柄左侧，食指扣住拍柄与拇指共同形成环状，拍后其他三指自然微屈，其中中指和无名指基本伸直，并以中指的第一指节顶住球拍背面的中部。这种直拍握法适合反胶弧圈形打法，正手拉弧圈时，拇指须用力压拍，小指与无名指协助中指顶拍发力。因为这种握法几乎将手臂、手腕和球拍连成一线，拍呈横状，所以类似于在用横拍打球，充分扩大了活动范围，同时正手拉弧圈和扣杀时容易发挥手臂的力量，退台时，反手也有一定的进攻性，可以与对方形成相持。但此方法缺点也较为明显，即手腕灵活度不够，在处理台内球、追身球、快攻球和反手近台球时会相对比较困难。

3. 削球型直拍握法

拇指弯曲紧贴拍柄左侧，稍用力下压，其余四指分开并自然伸直托住球拍的背面。攻球时，食指迅速移到拍前，以第二指节扣住拍柄，拍后三指仍弯曲贴于拍的上端。这种握法之下削球打法难度较大，已经很少有人使用。

4. 直拍横打型握法

直拍横打型握拍方法基本与直拍快攻型握法相同，只是为了便于解决反手位的进攻，在用背面进行攻球时，需要做细微调整。用背面进行攻球时，拇指需要用力压球拍左肩，食指则相对放松，在球拍背面的其他三指要增加弯曲，避免击球时球打到手指上，同时背面三指需用中指不离开中线，且需相应用力。当然，直拍横打握拍的缺点也是背面三指不易用力，且需要手型变化快，拍形不易固定。

（二）横拍的握法

横拍握法的特点是正反手攻球力量大，远台进攻更加主动，相持阶段更容易得分，攻削球时握法变化小，反手攻球容易发力也便于拉弧圈，但正反手交替击球时，需变换击球拍面，攻斜、直线时调节拍形的幅度大，易被对方识破。正手攻台内球时较难掌握，处理追身球也有一定的难度。

横拍握法如同人们见面时握手一样，中指、无名指和小指自然握住拍柄，虎口贴住拍肩，大拇指在球拍的正面位于蜷起的中指旁边，食指自然伸直斜放于球拍的背面，大拇指和食指略微平行。深握时虎口须紧贴拍肩，手腕更加固定，拍形不易发生变化，发力集中，更适用于快攻打法，但由于手指比较靠前，球拍握得比较紧，不容易进行正反手转换。浅握时虎口远离拍肩，手腕灵活，便于制造旋转，但由于浅握手腕较松弛，不利于球拍的稳定性，造成击球失误。正手攻球时，食指稍向上移动；反手攻球时，拇指稍向上移动（图3-1-3）。近年来，随着横拍弧圈球打法的出现和技术的发展，横拍握法已经极为普遍。

图3-1-3　横拍握法

（三）握拍的相关注意事项

①不管是直拍握法还是横拍握法，握拍都不应过紧或过松。过紧会使手腕僵硬，影响发力时的手腕动作，更容易导致身体其他部位的紧张、发硬，进而造成挥拍动作变形；过松则影响击球力量和击球的稳定性和准确性。

②握拍不宜太浅或太深。直握时，食指和拇指构成的钳形不能过大或过小，以免影响手腕动作的灵活性。横握时，太深不容易进行正反手转换，太浅拍面稳定性较差。

③在变换击球的拍面、调节拍面角度时，要充分发挥手指的作用。例如，直拍握法进行正手攻球时，需大拇指用力，食指放松；反手推挡时，需食指用力，大拇指则放松。

④乒乓球握拍方式多种多样，一定要找到一种适合自己的握拍方式，经常变换握拍方法，会影响自身打法类型及风格的形成，初学者更应注意。

四、球拍的保养和使用

乒乓球拍要正确地使用和保护，才能打得更长久。爱惜自己的球拍，要做到"底板防受潮，胶皮防老化，使用防磕碰"等原则。

①不要用水擦洗胶皮。要用专业清洗剂清洗干净，等干后，再贴膜，防止胶皮氧化。

②不要去室外乒乓球台打球，室外球台灰尘较多，对胶皮有很大伤害。

③不要暴晒球拍。

④不要随意地在球台、墙壁、柱子等较硬地方磕球拍，容易造成底板磕裂。

⑤更换胶皮时，要沿着垂直于木纹的方向揭开，揭的时候一定慢而柔和。

第二节　乒乓球运动的常见术语

一、站位

（一）近台

近台指站位在离球台端线 50cm 以内的范围。

（二）中近台

中近台指介于近台与中台之间的站位，离球台端线 50～70cm 的范围。

（三）中台

中台指站位在离球台端线 70～100cm 的范围。

（四）中远台

中远台指介于中台与远台之间的站位，离球台端线 100～150cm 的范围。

（五）远台

远台指站位在离球台端线 150cm 以外的范围。

二、击球时间

击球时间是指所击的来球从台面弹起至回落的那段时间，具体可分为以下几点：

（一）上升期

来球从台面弹起至接近最高点的这段时间称为上升期。其中，球从台面弹起刚上升的阶段称为上升前期，球从台面弹起接近最高点的阶段称为上升后期。

（二）高点期

来球从台面弹起达到最高点的这段时间称为高点期。

（三）下降期

来球从最高点开始下降以后的这段时间称为下降期，其中球从最高点开始下降的最初阶段称为下降前期，球下降到接近台面或地面之前的阶段称为下降后期。拉下旋来球，一般在下降前期击球；削接弧圈球，一般在下降后期击球。

三、击球路线

击球路线指从击球点到落点之间形成的线。以击球者为基准，一共有以下五条基本击球路线。

①右方斜线；②右方直线；③中路直线；④左方斜线；⑤左方直线。

其中，中路直线在实际比赛中是根据击球者的站立位置而定的。

四、击球部位

击球部位是指击球时球拍接触球的位置，具体划分可以以击球员为准，将球分为四个面：前面、后面、左侧面和右侧面。

一般情况下很少有运动员会击球到前面，只会在偶尔出现的对手打的回旋球时，击球员随球过网击球才会击球到这个部位；后面则是最常见的击球部位；在侧身正手发高抛球时，最常见的击球部位就是左侧面；正手发奔球时，较多的击球部位是右侧面。

以上四个面又可以按照钟表的半圈刻度划分为七个部分：上部（顶部）、上中部、中上部、中部、中下部、下中部和下部（底部）。随着乒乓球运动的发展，相应的术语也有所发展，过去划分击球部位时只有下、中下、中、中上和上五个部位，在教盖弧圈球技术时需要触及的部位只能说成中上部偏上，而如今则可以改为上中部。击球部位的划分更加准确，更加有利于教学过程中描述细节的动作。

五、触拍部位

一个球拍可以分为拍柄、拍身两部分，拍身可细分为拍面和拍身边缘。接近拍柄的位置可以称为近区或近端，离拍柄最远的拍身下方可称为远区或远端，近区和远区中间的部分则称为中区。

六、拍面角度

拍面角度泛指拍面在三维空间中的角度变化，可以分为以下三个部分：

（一）拍形

拍形也被称为拍面倾度，是击球时，拍面与台面所形成的角度（表 3-2-1）。

表 3-2-1　拍形

拍形方向	触球部位	用途
向下	12 点	扣杀高球
前倾	1 点	还击上旋较强的来球
稍前倾	2 点	还击带有一般上旋的来球
垂直	3 点	还击与网高度相当的上旋球
稍后仰	4 点	还击带有一般下旋的来球
后仰	5 点	还击比较强烈的下旋球
向下	6 点	还击非常旋转的下旋球

（二）拍面方向

拍面方向指球拍绕上下轴左右偏转时，与球台端线所形成的角度。拍面与球台端线平行时（拍面正对前方）视为 0°，随拍面不断向自己右侧偏转而增加其右偏角度，当拍面右偏至与球台端线垂直时（拍面正对自己右侧时），拍面方向为右偏 90°。拍面向自己左侧偏转亦然，当其向左偏至与球台端线垂直时（拍面正对自己左侧时），拍面方向为左偏 90°。

（三）拍面横度

拍面横度指球拍绕前后轴转动而形成的拍面角度的变化。拍柄与球台端线垂直时视为 0°，随球拍绕前后轴不断向左或向右转动而增加其左横角度或右横角度。当拍柄与球台端线平行时，为左横 90°；球拍绕前后轴向右转至与球台端线平行时，为右横 90°。平常说的拍形呈半横状，即横度为 45°。

七、发力方向

发力方向就是球拍的挥动方向。例如，拉加转弧圈球的用力方向以向上为主，略带向前；拉前冲弧圈球的用力方向以向前为主，略带向上。

八、发力方法

发力方法就是挥拍击球时的用力方法。根据不同的对比方式或发力模式，发力方法各有不同。

（一）通过来球速度与击球挥拍速度对比进行划分

此模式下击球的发力方法可分为以下三种：

①发力：来球速度小于球拍速度时。

②借力：来球速度大于或等于球拍速度，且球拍速度大于或等于零时。

③减力：来球速度远远大于球拍速度，而球拍速度小于零时（球拍向后缓冲）。

实践中，可以通过运动员自身用力方式来解释，来球靠运动员用力挥拍击回的叫发力，来球主要靠触拍后被反弹回去的叫借力，球拍触球瞬间有一个向后缩的动作，借以减弱对方来球的反弹力叫减力。中国快攻运动员打球时多采用发力中借力的方法，也叫借力打力，故攻球速度快，力量大。

（二）根据发力方向与球心的关系进行划分

从发力方向与球心的关系看，发力方法又可分"撞击"和"摩擦"。发力方向穿过球心叫撞击，特点是球速快；发力方向远离球心叫摩擦，特点是能够增加球的旋转。现代乒乓球技术要求把撞击与摩擦、速度与旋转结合起来，即使是打同一个球，往往也要撞击与摩擦相结合，但不同打法侧重不同，如快攻以撞击为主，弧圈球以摩擦为主。

（三）依据运动员肌肉用力进行划分

根据运动员击球时肌肉用力的不同，发力方法可以分为爆发力与匀速用力。一般情况下，乒乓球运动员使用的都是爆发力，但个别技术不能用爆发力，如快带技术，只能使用匀速用力方法，忌用爆发力。

九、击球点位置

击球点位置指的是击球时球拍与球接触的那一点和击球员身体所处的相对位置。具体可以从以下三个维度的距离来确定击球时球所处的空间位置：

一是击球时，球处于击球员身体的前后位置，表现为球与球员身体前后距离。

二是击球时，球与击球员身体的左右位置，表现为球与球员身体左右距离。

三是击球时，球所处的高低位置，表现为球与地面的垂直距离。击球点位置是和击球者、球台、击球时间紧密联系在一起的。

第三节　乒乓球运动的生理学基础

运动生理学的研究对象是健康人体，旨在探究人体对运动的反应和适应情况。运动生理学的使命是基于对人体机能活动基本规律正确认识的前提下，研究体育运动如何影响人体机能的发展变化，对运动训练过程中所蕴含的生理学原理进行阐释，了解不同年龄、不同性别、不同训练水平以及参与的不同运动项目时运动员所具备的生理特点，从而有效地进行体育教学组织活动和开展运动训练，为训练提供科学的指导。

据运动生理学的研究："人体各项身体素质参与专项运动能力改善和提高的贡献是不相等的。不同的运动项目具有不同身体素质贡献的排序"。[①] 运动员在进行身体训练时，需要遵循各项素质自身改善的规律，在此基础上平衡好各项素质之间的合理、积极的关系。同时，为了最大限度地克服因素之间的相互制约，有必要提出科学的组合方法，这一点在青少年运动员的基础训练阶段尤其重要。

一、运动技能的基本含义、生理本质与信息传递

（一）运动技能的基本含义

通常，在运动中，人体可以对专门动作进行掌握和有效完成的能力就是运动技能，也就是大脑皮质在一定的空间以及准确的时间内对肌肉收缩进行精确支配的能力。条件反射学说认为，运动技能是一种复杂的、一个动作连着一个动作的肌肉所感觉的运动条件反射。这个过程需要经历多个阶段，包括肌肉感觉不明、分化、巩固、稳定和自动化。这些阶段相互衔接，在运动条件反射形成过程中是一个逐渐过渡的过程。运动技能的形成是基于运动员的运动学习中的主动目的性导向和规范，其基础与前提为机体自身初始状态与水平。将训练负荷作为信息输入载体，参照系主要为能级（强度）与时间矢量值，最终让神经网络各级水平产

---

① 金宗强，鲍勇.我国优秀排球运动员专项体能评价与诊断 [M].天津：天津大学出版社，2018.

生相应的自组织变化，使得大脑网络因人体自身机能与结构的协同适应效应产生全新的有序模式。

根据对外部刺激的利用程度，可以将运动技能分为以下两个方面：

（1）封闭性运动技能

封闭性运动技能是一种稳定的动作技能，它不受外界环境的干扰而改变。这类运动技能的动作结构具有周期性重复的特征，并且反馈信息主要来自身体感受器。它一般都具有相当固定的动作模式。如田径、游泳、自行车等项目就属于封闭性运动。

（2）开放性运动技能

开放性运动技能能够根据外部环境的变化自适应地改变动作技能。这种动作技能通常是非周期性的运动项目，反馈信息来源于多个感受器，其中，视觉分析器扮演着主要的角色。它要求运动员具有处理外界信息的能力与对事件发生的预测能力。如乒乓球、排球、击剑、摔跤等对抗性项目属于开放性运动。

（二）运动技能的生理本质

在巴甫洛夫高级神经活动学说中，人随意运动的生理机理的主要是基于大脑皮质活动的肌肉活动。大脑皮质动觉细胞可以与皮质所有的其他中枢建立短暂的神经联系，这有助于我们学习和掌握运动技能。从生理本质上来说，这种联系主要是建立运动条件反射的过程。人们获得运动技能的过程就是建立复杂的、连锁的、本体感受性的条件反射过程。它呈现出以下几种特征：

第一，复杂性。运动条件反射的形成涉及多个中枢的参与。

第二，连锁性。反射活动具有严格的时序特征，是一连串发生的，其中每个动作都依赖于前一个动作的条件刺激。

第三，本体感受性。肌肉的传入冲动在动作形成的过程中起着至关重要的作用。

第四，运动动力定型。运动中枢内控制部分肌肉活动的神经元可以进行排列组合，在运动中枢内通过兴奋与抑制有严格时间间隔的、有规律的、有顺序的交替发生，形成了一个系统，并且会形成一定的格局，使得条件反射呈现系统化的特点。在动力定型变得更加稳定的情况下，动作的完成会变得更加舒适自然，动力定型建立得越多，随后的改进就会更加容易进行，同时，我们的大脑皮质也会变得更加灵活。换句话说，随着基本技术的熟练掌握程度增加，人们能够更快、更自如地掌握新的运动技能。

第五，大脑皮质机能的可塑性。在特定情况下，可考虑采用新的动力定型替代原有的动力定型。

（三）运动技能的信息传递

形成运动技能所需的信息可以分为两个方面，即体内信息和体外信息。

体内信息：综合大脑皮层的视觉、听觉和躯体感觉中枢形成一个一般解释区，从而将信号传递到运动控制中枢。

体外信息：主要是教练员的信息传输，主要的感官运动为神经分析与综合。

二、乒乓球运动技能的形成阶段

运动技能的形成具有阶段性的特点。一般将运动技能的形成分为四个不同的阶段，具体如下：

（一）动作的认知阶段（泛化阶段）

动作的认知阶段，也叫作泛化阶段。泛化阶段的形成主要是指：在训练过程中，学生在击球时可能会出现肌肉收缩和放松不协调的情况，导致没有必要加入运动的肌肉也被误用。这会导致大脑皮层运动中枢部位兴奋点扩散，最终形成泛化阶段。在练习早期，对于正确的肌肉感觉不够清晰，因此动作往往与来球不协调。学生在打球时会感到很不自然，尤其是那些没有接受过正规训练，且形成不正确动力定型的学生。对于这些学生，要纠正他们的错误动作尤为困难。相比之下，那些没有接触过乒乓球的学生动作更具可塑性。因此，我们可以说克服旧的不良动作比学习新动作更加困难。比如，教授给学生正确的握拍法，那些以往没有拿过球拍的学生比那些曾经打过球但有着错误握拍方式的学生更容易学会正确的握拍方式。

1. 主要特征

在初学一项技能时，对于练习者来说，其神经过程尚处于泛化阶段。在这个阶段，有如下的显著特征：一是内部抑制机制尚未完全建立；二是有着较为狭窄的注意范围；三是较低的知觉准确性；四是动作之间的联系并不协调，尤其是在肌肉的紧张与放松上没有形成良好的配合；五是有很多多余的动作，导致整个动作非常慌乱，不管是在空间上，还是在时间上，所完成的动作都不精确；六是可以利用初步结果的反馈信息，但只能依靠非常明显的线索来指导；七是有较多的意识参与其中。

在这个阶段，学习者主要是通过观看示范动作并模仿来练习，更多地依赖视觉来控制动作。因此，在动觉的感受性上并不强，难以精准地控制动作，也不容易发现自身动作中的弱点和错误。

在泛化阶段中，通过击球效果的检验发现，学生的命中率较低，大部分情况下要么下网，要么出界，而且这种失误没有明显的规律，无法确定哪种情况更为普遍。主要原因在于学习者没有建立和形成正确动作的概念，尚未从错误动作中分化出来。

2. 外部表现

乒乓球技术训练在动作认知阶段（泛化阶段）的外部表现为：动作费力，僵硬不协调，并伴随多余甚至是错误的动作出现。

3. 生理特点

动作的认知阶段的生理特点：发生在学习技术初期。当受到外界刺激时，大脑皮质会出现强烈的兴奋反应，导致兴奋和抑制出现扩散，此时分化抑制还没有完全建立，因此形成的条件反射不够稳定。

4. 应注意的问题

在动作的认知阶段进行动作训练时，需要注意：强调动作的核心部分及纠正学习者存在的主要问题，为学习者提供正确示范，不必过于关注细节。

（二）动作的联系阶段（分化阶段或分解阶段）

1. 主要特征

练习者经过若干次练习后，已初步熟练一些单项动作以及局部动作，并能开始将它们有机地组合起来。此时，练习者的神经过程逐渐形成分化性抑制，即只有在出现特定条件刺激时才会有条件反射性反应，而近似但不完全符合条件的刺激则会被抑制，不会引起条件反射性反应。当近似的刺激作用于相应的皮层细胞时，产生的抑制作用被称为分化性抑制。在动作的联系阶段，不管是在空间上还是在实践上，兴奋和抑制都更加准确，内部的抑制过程变得更强，同时分化抑制、延缓抑制及消退抑制都得到了发展。注意的范围出现了扩大，同时在紧张程度上会下降，动作与动作之间的干扰会减少，基本上多余的动作不再出现，动作的精确度不断提高，对于错误动作的识别能力也得到一定提升，虽然具备了一些技能，但在动作转换时会经常出现间断、停顿、不顺畅、不协调现象。

在这一阶段，练习者主要将注意力放在技能的细节方面，并通过思维分析来概括动作的本质特征，逐步提高对整个动作的认识，将多个单独的动作融合成一个整体。尽管视知觉在这一阶段还有一定的作用，但已不再是主要的方式，随着时间的推移，肌肉运动感觉越来越清晰明确，人们可以依据它来作出分析和判断。

2. 外部表现

在动作的联系阶段，乒乓球技术训练过程中此阶段的外部表现是：不协调的多余动作逐渐消失，逐渐纠正错误动作。尽管如此，动力定型并不牢固，当面对新的刺激时，可能会重新出现多余或错误的动作。

3. 生理特点

动作联系阶段的生理特点：发生在不断的学习过程中。外部刺激会引起大脑皮质的兴奋与抑制过程的逐渐聚焦，此时条件反射逐渐形成且变得更加稳定。同时，分化抑制发展，初步建立动力定型，大脑皮质的活动也出现了变化，由泛化而进入了分化阶段。

4. 应注意的问题

在动作的联系阶段，需要特别关注纠正错误动作，帮助运动员重视动作细节。

（三）动作的完善阶段（巩固阶段）

1. 主要特征

在此阶段，练习者已经牢固地掌握了一些特定动作，这些动作已经在大脑中形成了稳固的动力定型。相应的神经兴奋与抑制的调节更加准确有力，动作之间联系紧密，整个系统运转自如并具有高度自动化，此时意识只需对某些细节进行微调。在此时，练习者主要将注意力集中在处理和加工环境变化信息上，注意的范围出现扩大，对动作本身的注意较少。此阶段，视觉的控制作用会相应地减弱，同时动觉控制作用会得到增强，从而使得错误的动作得以及时发现和改正。

2. 外部表现

乒乓球技术训练在动作完善阶段（巩固阶段）的外部表现为：动作准确、优美，某些环节出现自动化。由于内脏器官活动与动作配合协调，动作完成轻松省力。环境变化时动作结构也不易受破坏。

3. 生理特点

动作完善阶段的生理特点：发生在反复练习之后。已经建立稳固的运动条件反射系统，不管是在时间上还是在空间上，大脑皮质兴奋和抑制过程都会更加集中与准确，同时牢固建立起动力定型。

4. 应注意的问题

动作的完善阶段应注意的问题：应精益求精，不断完善巩固动作技术。

（四）动作的自动化阶段

自动化指的是可以在无意识的条件下完成某一个或者是某一套技术动作，自动化的动作可以变为有意识的动作，在动作技能巩固的基础上可以实现在无意识条件下的技术动作。

动作自动化具有以下生理特点：一是大脑皮质相关区域的兴奋性相对较低，但动作依然由大脑皮质进行控制，必要时，自动化动作可以转换为有意识的活动。二是第一信号系统和第二信号系统的活动之间存在一定程度的独立性，其活动相对脱离，第二信号系统的活动可以独立进行。有时候，两个系统的活动可以成为运动动力定型的统一机能体系。

动作自动化应注意的问题：动作自动化阶段仍应不断检查动作质量，以防动作变形、变质。

三、乒乓球运动的供能与肌纤维类型

众所周知，乒乓球单个动作技术大部分在瞬间完成。若要完成大量的攻防等高强度、高速度的动作，机体必然会用短时间、高功率的供能系统供能，其体内以非乳酸供能系统的输出功率最大，其次为乳酸供能。

乒乓球技术动作的运用从运动生理学机制来说，主要是以 ATP—CP 供能为主。在运动过程的间歇内，机体的 ATP—CP 会得到一定的恢复，但随着比赛的逐渐激烈，糖酵解供能在比赛中会显著增多。因此，ATP—CP 的恢复能力和糖酵解的供能能力是激烈比赛中取胜的基础。

血乳酸是机体糖酵解的产物，它的量变取决于运动强度和持续时间，乒乓球比赛是高强度运动，故血乳酸的量变取决于比赛时的时间结构。根据体内各供能系统的供能特点，我们将比赛的时间结构分为 0～10 秒运动、15 秒以上运动、15 秒以上间歇三个主要时间阶段。10 秒前的运动主要是以 ATP—CP 供能，间歇 15 秒以上，运动所消耗的能源物质（ATP—CP）能得到一定的恢复，能量代谢产物能得到一定的转移和消除。

肌肉力量的大小与肌肉中不同类型肌纤维的比例密切相关。肌纤维可根据类型分为三种：快肌纤维（白肌纤维）、慢肌纤维（红肌纤维）和中间肌纤维。不管是男性身体肌肉中，还是女性身体肌肉中都包含白肌纤维和红肌纤维，只是男性与女性中所占的比例有所不同。乒乓球运动需要运动员快速作出技术动作，有着强度大的特点，这意味着运动员肌肉中应该含有比例较高的白肌纤维，这是因为白肌纤维比红肌纤维在无氧代谢方面更有优势。尽管白肌纤维和红肌纤维都含有促进 ATP—CP 系统快速作用的酶，但是相较于慢肌纤维，白肌纤维内的酶活性要比慢肌纤维高出三倍。虽然白肌纤维和红肌纤维都含有促进糖酵解的酶，但白肌纤维中的该酶的活性要比红肌纤维高出至少两倍。白肌纤维的神经元传导速度较快，白肌纤维可以在红肌纤维所需时间的三分之一内达到最大张力。因此，白肌纤维所占比值越高的运动员越适合于从事乒乓球运动项目。

四、乒乓球运动的中枢神经系统调节

（一）神经过程的频率与强度

肌肉的收缩是因为神经传导电脉冲所致，一次脉冲可以引发肌肉一次收缩。当肌纤维在还没有完全松弛时，如果接收到新的脉冲信号，会引发肌肉的重复收缩，这可以产生比之前更强大的力量。在乒乓球技术的训练和比赛中，当运动员的中枢神经系统所传递出的神经冲动频率高，且具备较高强度时，肌肉内会有多个运动单位被调动参与收缩，因此，在完成技术动作时，运动员会施展更强大的力量。

（二）神经中枢系统对肌肉活动的协调

在乒乓球运动中，即使是最基础的动作，也需要多个肌肉协同配合才能完成。不同的肌肉群需要通过不同的神经中枢来进行工作。当不同神经中枢之间的协调得以改善时，主动肌、对抗肌、协同肌和固定肌之间的协调能力也得到了提高。这种协调能力使得各肌肉群在完成某个动作时活动有序，协调一致。特别是在对抗肌的神经中枢受到抑制的情况下，对抗肌的阻力减小，保持放松状态，从而保证主动肌、协同肌群能够发挥更强的收缩力量。

经过生理学研究发现，肌肉的收缩效果最佳并非源于肌肉本身，而是因为神经冲动频率的合理增加。这种频率提高可以激发运动员情绪上的高涨，即提升兴奋性，从而促进释放更多的肾上腺素、乙酰胆碱、去甲肾上腺素、其他生理活性物质，让肌肉工作能力得到更大的发挥，促进力量的增强。因而，肌肉的力量直接受到中枢神经系统的机能状态影响，中枢神经系统的机能状态会对力量素质的发挥与发展有着重要的影响。当执行某项技术动作时，如果中枢神经系统发出的神经冲动频率高且强度强时，肌肉的力量就会增强。

五、乒乓球运动中的力量素质

力量素质的发展是基于人体肌肉的形态、生理生化机制、结构机能发生的变化，其前提条件是神经中枢的兴奋和抑制过程的集中与强度，同时与神经元过程的充分协调，在此基础上建立起的各种用力动作的条件反射结果。换句话说，一个人的肌肉力量受到多种因素的限制，包括其发育水平、体型、性别、肌肉结构、训练方法等等。因此，了解影响运动员力量素质的各种身体因素，对力量素质训练的成效具有关键性作用。

（一）影响肌肉力量的生理基础

1. 肌肉体积

肌肉力量与肌肉体积之间存在紧密的联系。我们通常可以用肌肉的横断面积的大小来代表肌肉体积的大小，横断面积越大，肌肉的体积也就越大，从而肌肉的力量也就越强。值得注意的是，这种联系不会因为年龄、性别等因素而受到影响。当进行体育锻炼或体力劳动时，不仅会增强肌肉力量，还会促使肌肉体积增大。

对肌肉起作用的两个重要因素包括单个肌纤维的直径和肌肉中肌纤维的数量两个方面。我们进行体育锻炼，尤其是进行有目的的力量练习可以促进体内蛋白质的新陈代谢，提高肌肉蛋白质含量，从而让单个肌纤维的直径增加，实现肌肉体积的增加。

2. 肌纤维类型

在骨骼肌中，肌纤维可分为两种类型：红肌纤维和白肌纤维。相对于红肌纤维而言，白肌纤维的收缩力量更强大。人体肌肉纤维类型的比例受遗传因素影响，肌肉中的白肌纤维与肌肉的收缩力量呈正比，即白肌纤维的比例较高，那么肌肉的收缩力量也相应较大。通过进行力量和速度练习，可以提高肌肉中白色肌肉纤维的含量与比例。

3. 神经调节

除了肌肉的形态和功能特性之外，肌肉收缩的力量也受到神经系统调节机能的影响。肌肉力量可以被神经系统通过下面两种方式进行调节。

第一，通过释放强度高且集中的兴奋，让尽可能多的肌肉纤维参与收缩，从而增强肌肉力量。一些人在最大限度地收缩肌肉时，仅能动用 60% 的肌肉纤维来参与收缩，而另一些人则能够动用 80% 以上的肌肉纤维。显然，在其他条件相同的情况下，后者的肌肉力量更强。

第二，提高神经中枢发放神经冲动的频率，肌肉力量会因为神经冲动的频率增高而增强。

（二）提升肌肉力量的练习方法

1. 动力性力量练习方法

动力性练习指的是在肌肉收缩的过程中，肌纤维长度发生变化，产生的张力可以克服外界阻力的练习，这种练习能够增强肌肉的力量。乒乓球运动中进行的许多力量训练都属于动力性力量练习，包括各种哑铃练习和举重练习等。增加阻力（运动负荷）是动力性练习的主要手段，可以有效地提高肌肉力量，让肌肉得到更好的锻炼。通过进行高强度的动力性练习可以促进肌肉收缩和放松的交替，从而增加体内蛋白质的代谢，促使肌肉的蛋白质合成增强，这有利于增大肉的横断面积，提高毛细血管数量，增加肌肉的体积。专业运动员要想发展肌肉力量，最好采用强调动力性肌肉练习方式。

动力性力量训练所使用的负荷不同，所产生的肌肉力量的提高效果也会不同。通常情况下，运动时所使用的重量一般为本人最大力量80%的运动负荷。例如，一个人的最大肌肉力量为50千克，使那么其在进行力量练习时，应该使用的负荷为40千克。这样做的主要目的是促进肌肉力量的发展和速度的提升，达到增加肌肉体积的效果。如果运动时采用60%的最大负荷，目的是提高神经系统对肌肉收缩的协调性，从而提升肌肉力量和肌肉耐力。如果运动时采用40%的最大负荷，也就是小负荷，虽然没有明显的增强肌肉力量的效果，但是可以对肌肉的血液循环进行改善，使得骨骼肌中毛细血管的数量得到增加，保持已有的肌肉力量，提高肌肉的耐力。鉴于此，力量练习的效果影响因素中，负荷有着重要的影响作用，因此，在进行力量练习的时候，运动员应该选择有针对性的运动负荷。

2. 静力性力量练习方法

静力性练习指的是在肌肉收缩的过程中，肌肉长度不会发生变化，而是保持在某一特定位置的力量练习。静力性练习的主要目的在于增强肌肉在特定位置的力量。因为在进行静力性肌肉练习时，有可能出现肌肉收缩挤压毛细血管的现象，导致肌肉缺氧，并且，在大强度的静力性练习中，一般会有憋气动作，鉴于此，除非是有特殊的需求，否则一般情况下不会进行静力性力量练习。

（三）在力量练习中应注意的问题

1. 负荷问题

运动员应该根据自身的实际情况选择力量练习，选择合适的负荷。无论选择哪种负荷，都要按照逐步增加的原则来进行，不能突然增加运动负荷，否则会导致运动损伤的出现。

2. 动作速度问题

进行动力性肌肉力量练习时，一定会出现动作速度问题，在练习中负荷与速度之间存在密切关系，二者呈负相关：负荷越大，速度越小。运动员需要具备出色的爆发力，因此在进行力量训练时，他们应该选择合适的负荷，并尽可能让动作速度加快，促使肌肉的爆发力得到提高。

六、乒乓球训练的运动负荷控制

运动负荷，也被称为生理负荷，指的是在进行运动时，身体所承受的生理负荷。运动量和运动强度共同构成了运动负荷。只有保持适当的运动负荷，才能达到更好的训练效果。因此，合理地安排和调节运动负荷是训练过程中必不缺少的环节。

（一）运动负荷的构成要素

1. 负荷量与强度是构成运动负荷的两大因素

在技术动作的训练过程中，我们通常使用负荷量来衡量有效练习的总时长、总重量、总距离、总次数等。负荷强度可以描述为练习时对机体的刺激程度，或者技术训练时使用的力量大小和机体的紧张程度。通常情况下，机体对于强度较高的刺激更为敏感。因此，运动员在规划和调节负荷时，不仅要关注负荷量，还要注意负荷强度。负荷量与负荷强度的关系是对立统一的，它们共同构成生理负荷的总体。但两者之间是反比关系，即负荷量大时，负荷强度应减小；反之，负荷强度较大时，负荷量应减小。

2. 内部数据与外部数据是生理负荷的两个层面

当运动员进行身体训练后，会导致他们的生理指标，如心率、血压等发生变化，我们通过测量所得到的这些变化数据被称为负荷的内部数据。负荷的外部数据指的是运动员做练习的时间、次数以及距离等，负荷的内部数据与外部数据对于一个运动员而言是相对的，是不断变化的。

不同的训练条件测量得到负荷其外部数据可能相同，但其内部数据可能不同，反之也是如此。因此，在安排和分析负荷时，既要考虑负荷的外部数据，又要考虑负荷的内部数据。

3. 休息时间与恢复的强度

休息时间是在运动负荷后机体体力恢复前休息时间的长短。例如，乒乓球运动员在速度项目训练时，安排 60m×3 组短跑，第一组跑完休息 1 分钟，第二组跑完休息 2 分钟，第三组跑完休息 3 分钟等。由于休息时间的不同，各组训练对运动员机体的影响也会明显不同。

恢复的强度是在休息间歇时间内，机体恢复过程的水平。以上述跑三次 60m×3 组短跑为例，在跑完第一次后休息 1 分钟，心率从 140 次 / 分降到 110 次 / 分；跑完第二次后休息 2 分钟，心率从 145 次 / 分降到 115 次 / 分；跑完第三次休息 3 分钟，心率从 150 次 / 分降到 100 次 / 分。从运动员实测数据可以得到机体的恢复水平具有明显的不同。

影响休息时间和恢复强度的因素主要有：一是休息时间与负荷量和恢复强度成正比关系；二是与运动员训练时间的容量直接相关；三是与恢复量、恢复方式、负荷量与强度以及运动员的体质水平有着直接的关系。

除此之外，在恢复方式中，除了积极性和消极性两种休息方式外，心理学放松法也是一种积极恢复的手段。因为在身体训练时机体不仅由于参加身体练习和接受各种刺激而承受负荷，而且休息的时间和恢复的强度也从另一个方面对机体产生影响，所以运动员训练的负荷只有在休息时间与恢复强度两个方面都能得到科学的安排，才能使训练效果显著提高。

（二）运动负荷的标准与定向作用

在乒乓球运动员平时的训练中，教练员的工作重点之一，就是对每堂训练课运动员的运动负荷进行控制和研究。在教练员的指导下，对乒乓球运动员进行有组织的、有计划的训练，包括体能训练、身体各方面素质训练、技术训练和战术训练等实践训练。因为运动负荷直接与运动员的训练水平息息相关。在训练过程中，有的教练员不能够很好地控制和掌握运动员的运动负荷，可能会使一些运动员因为运动负荷较小，导致没有很好地完成专项训练要求，也可能会因为运动负荷较大，导致一些运动员受伤。我们尽量避免得不偿失的训练。因此对运动员运动负荷的控制是我们教练员在平时训练中一个自始至终的课题。

对运动负荷的控制决定着训练过程中各组织结构的有机联系是否良好。运动负荷是竞技运动过程中运动员身体直接参与运动而承受的生理负担。

运动员的运动能力之所以产生适应性的变化，是因为其通过身体所接受的运动负荷刺激，促进了生物学改造。在乒乓球训练过程中，运动负荷是通过训练手段与方法作为媒介对运动员的身体产生作用的。运动训练的手段与方法并不能单纯地认为就是运动负荷，更不能简单地将训练手段与方法数量的增加或减少，认为就是负荷量与强度的度量值。

1.运动训练负荷的标准

运动负荷对运动员的训练非常重要，是我们判断训练量是否达到预期的重要指标。在乒乓球训练过程中，根据训练负荷的属性，制定以下最为适宜的训练负荷标准：

①训练负荷必须是帮助运动员某项技能水平的提高，并能促使运动员的各种身体机能产生良好变化。负荷量与强度要遵循一定的比例进行训练，这样才能产生良好的训练效果，即有机体的生物学改造才能够顺利进行。

②训练负荷的计量必须定量化。运动负荷的度量值指标分为量与强度两个方面。负荷量的概念可包括负荷持续的时间、一次练习或若干练习所完成的工作量等，负荷强度的概念与工作的紧张度等有关。量与强度能针对具体的单个技术练习或者成套技术练习进行评定。

③训练负荷大小的确定。训练负荷的大小可以从"外部指标"与"内部指标"两个方面来确定。负荷的外部指标可以以工作总量的指标来确定，包括以时间计算的工作量，如训练课的数量、比赛的场次等。负荷外部指标的评定，可以广泛地运用负荷的强度指标，如动作的速度、运动的速率、通过训练段落与距离的时间、在发展力量性素质过程中的负重大小等。

④训练过程中如需加大运动负荷，必须遵循循序渐进的原则。不能认为运动负荷"越大越好"，这样超过了运动员的最大负荷承载能力。高水平的运动员，在训练过程中可以经常有接近比赛的负荷强度，争取有最大强度和最大训练量的出现。普通运动员一定要遵循循序渐进的原则来制定训练计划，训练中要包括最大负荷和中小强度的运动负荷。

综上所述，训练负荷的"内部指标"实际上是有机体对所完成工作的反应。负荷的即时效应是工作时或工作结束后直接由机能系统产生的改变，因此，可将负荷当时有机体的即时状态作为"内部指标"来测定。有些训练并没有负荷即时效应的信息，可用恢复过程的持续时间和恢复的其他特点作指标。用内部指标评定负荷的大小，还可以根据完成工作时主要机能系统所表现出来的各种指标进行判别，在有机体起始状态相同的条件下，负荷的"外部指标"与"内部指标"之间存在着一定的对应关系。

外部参数相同的负荷实际上与机能变化是互相对应的。负荷的外部参数越大，有机体中机能变化也越大；前者越小，则后者也就越小。但在有机体起始状态不相同的情况下，运动员的训练水平不同，他们所反映出来的状态就不一样，外部指标与内部指标的对应关系也就不相对应。如多次重复同样持续时间、同样强度的速度性练习，随着训练课的多次进行，心血管系统的机能动员程度就越来越小，即在训练水平不断提高及对训练负荷不断适应的情况下，原有的负荷量和强度也就变得越来越小。

训练中度量负荷的所有指标都只能反映负荷含义的局部。在训练过程的任何时刻都应考虑负荷的综合效应。由于负荷量与强度的变化不是直接成比例的，因此应当尽可能地选择既能反应负荷量又能反映负荷强度的指标。

2. 运动训练负荷的定向作用

运动训练的最终目标是使运动员创造优异的专项运动成绩，运动训练负荷使运动员身体与运动能力产生定向变化，主要取决于：一是训练手段和方法的性质；二是不同的训练手段和方法在整个训练过程中各自所占的比例；三是在训练过程中使用不同训练手段和方法所处的环境与条件；四是训练负荷产生的定向变化取决于训练手段和方法结束后所采取的恢复手段和方法。

（三）机体对运动负荷的反应特征

1. 生理机能的耐受性

当人体进行运动或锻炼时，通常会展现出相应的承受能力来应对运动负荷。这里所提到的承受能力指的就是对运动负荷刺激的耐受性。对于运动负荷，不同的个体有着不同的耐受性，呈现出明显的个体差异性。在开始运动时，在不同的负荷和身体状况下，人体的耐受力水平会持续一段时间，这个阶段被称为"耐受阶段"，这也是训练课程的主要目标和任务。在此期间，身体表现出了较为稳定的运转能力，能够以高质量的水平和状态完成各项训练任务。下面的因素会影响机体的运动负荷耐受程度：

①训练后身体机能的恢复情况。恢复程度越高，耐受阶段就越长，相反，恢复不足则耐受阶段相应缩短。

②训练课的密度与强度。随着运动强度和密度的增加，相应的耐受时间会减少，相反，降低运动强度和密度则可以延长耐受时间。

③训练过程中的恢复水平与程度。如果训练课次之间和组间的间隔时间拉长，机体就有更多的恢复时间，在一定程度上就能促进机能的恢复，从而使耐受时间得到一定程度的延长。

2. 生理机能的疲劳

身体的生理机能会在一段时间的运动负荷刺激后逐渐降低，出现疲劳现象。训练目的决定了运动员需要达到何种程度的疲劳和耐受多长时间以后产生疲劳。换句话说，在训练负荷安排时所要达到的训练目的之一就包含在训练过程中所产生的疲劳以及疲劳的程度。只有当身体达到一定程度的疲劳并进入恢复阶段时，身体才会进行结构和机能的重建，从而进一步提高运动能力。"没有疲劳就没有训练"即指此意。

以下因素会对疲劳阶段产生影响：一是身体机能的恢复情况；二是训练课的密度与强度；三是训练课的总负荷量和负荷种类等。

一般而言，负荷总量会随着疲劳程度的增加而增加。相较于进行简单活动，进行复杂活动后，疲劳程度更为明显。

3. 生理机能的恢复

机体在恢复阶段，开始重新对所损耗的能源物质进行补充，修复受到的伤害并逐渐恢复健康的、有序的内环境。恢复所需的时间与疲劳程度密切相关。疲劳程度与恢复时间成正比，即疲劳程度越深，恢复所需的时间就越长，相反，疲劳程度越浅，恢复所需的时间就越短。

4. 生理机能的超量补偿

完成训练后，若有足够的恢复时间，身体的结构和机能会得到重建，并且消耗的能量和所降低的身体机能也会恢复到原有水平，甚至会超过原有的水平，这就是"超量补偿"或"超量恢复"，而由此带来的机能改善则被称为"训练效果"。进行运动训练的目标是达到最明显的训练效果。超量补偿是衡量运动训练成果的重要指标之一。

当身体机能处于超量恢复阶段时，如果继续进行与过去相同强度的运动负荷，身体的反应会下降。换句话说，当机体能够耐受更大的运动负荷时，这代表着运动能力得到了提升。以下两个因素影响着超量补偿的程度：

首先，疲劳程度。随着训练课中疲劳程度的加深，运动后的超量恢复现象就会变得更加显著，反之也是如此，尽管在恢复期这种现象出现的时间相对较晚。

其次，训练课的密度。虽然在大强度训练的基础上，可能会出现显著的超量恢复现象，但需要更长时间来完成恢复。

5. 生理机能的消退

超量恢复现象在训练后并非永久存在。如果在超量恢复的基础上不及时施加新刺激，那么之前已经获得的训练效果会在短时间内逐渐消退，这个过程与现象就是机体对运动负荷刺激适应的消退。鉴于此，应该对训练课进行合理安排，一方面需要对训练负荷的合理性有所重视，另一方面还需要对训练课之后的恢复有所重视，并且应该在超量恢复后对下一次的训练课进行安排。超量恢复的程度是影响运动效果保持时间和消退速率的主要因素，超量恢复现象越显著，运动效果的保持时间就越长，消退速度相对就越慢。

从个体表象我们也可以看出，机体对运动负荷的反应，通俗来讲，可以从以下几个方面来看待：

①主观感觉，训练结束后是否精神饱满。

②情绪，训练结束后是否有愉悦的心理。

③食欲，训练结束后食欲是否增大。

④睡眠状况，训练结束后是否良好。

⑤工作效率，训练结束后是否精力旺盛。

以上的主观表象说明运动负荷达到了预期的效果。

（四）运动负荷与训练效果的联系

在机体在训练中，当施加一个不变的运动负荷刺激时，初始阶段机体的反应会很强，同时也会出现更为明显的疲劳症状。在恢复阶段，身体会重建其结构和机能，从而出现超量恢复现象，这会提高身体抵御刺激的能力。如果再次受到相同刺激，身体的反应会比第一次弱，疲劳度会减轻，超量恢复现象不如前一次那么显著，从而会出现运动效果的降低。如果不断重复使用同样的刺激，它的运动效果会逐渐减弱，最终消失。到这个阶段，机体已经无法通过增加负荷来提高运动能力，只能维持现有的水平。如果想进一步提高运动效果，需要在现有的刺激水平之上增加负荷的强度，这就是超负荷。对于超负荷的适当和适量的应用，可以有效增强身体机能，这是身体运动机能得以不断增长的非常重要的一个训练要素。

即使使用最优化的方式来对运动超负荷进行安排，运动成绩也不会无限提高，主要原因在于人体的运动能力受遗传因素影响，因此每个人都有其运动潜能，即在合适的情况下能够发挥出一定的运动能力。即使在运动成绩逐步提高的过程中，使用恰当的超负荷训练，但随着个体运动能力逐渐接近其运动潜力，训练效果也会随之逐渐减弱。在进行运动训练的初期，运动成绩会迅速提高，但是到达一定水平后，进步速度逐渐减缓，甚至到达瓶颈，无法再进一步提高。尽管高水平运动员的训练负荷很高，但他们的成绩提升缓慢，甚至只能维持原状态。考虑到这一点，安排的运动负荷对训练效果所产生的不良影响，其具体表现在两个方面：

（1）在连续进行高强度训练时，身体无法充分恢复

在实际训练中这种情况经常出现。尽管教练员进行了精心安排，加上运动员也刻苦训练，但运动训练并没有取得预期的成果。其身体机能的反应特点表现为：首先，逐渐减弱了运动负荷刺激的耐受性。在训练课中，许多人在一开始就感到疲劳，他们的耐受性几乎消失殆尽。其次，随着时间的推移，疲劳程度不断加重。在训练课程中，疲劳状态会快速出现，并且不断加深，逐渐成为疲劳堆积。最后，无法出现超量恢复。因为每次进行训练课程时身体尚未完全恢复，所以身体的恢复程度会不完全，最终导致过度疲劳。

（2）运动强度不足或训练次数不够频繁

如果运动负荷不足，那么运动员的身体很少出现生理反应，导致他们很难达到预期的疲劳程度。同时，身体也不能产生足够的结构和机能重建，这意味着无法出现超量补偿现象，或者只能出现很少的超量补偿。据此，如果身体没有接受适量的负荷刺激，就无法引起生理反应，从而无法提高运动能力。

（五）超负荷原理的含义、分析以及具体应用

1.超负荷原理的含义

超负荷主要指的是当运动员已经适应某一负荷刺激后，增加适当的负荷量，使其超越原有负荷。超负荷就是超过原有负荷的负荷量。

运动训练的目的是通过有序的运动负荷，不断提高运动员的运动能力。提高运动能力的本质就是增强抗负荷能力。要持续地调整超负荷的运动训练，对负荷的强度进行调整，只有这样才能实现有效训练。有效的训练关键在于掌握负荷强度，同时，深刻理解和熟练掌握超负荷理论也是至关重要的。这种关系具体表现为以下几种情况：

①训练课的设计，关系到负荷强度、运动量及负荷方式的安排。

②周期训练的设计，关系到周期中各训练课负荷的变化及搭配的安排。

③减负荷阶段，关系到训练周期中不同减负荷阶段的时间长度。

④在增加负荷时，关系到不断调整训练课时运动员的适应状态。

⑤对运动训练效果进行评定时，关系到改进负荷安排并修正训练计划。

2.超负荷原理的分析

根据人体机能对运动负荷刺激的基本反应与人体机能对运动负荷的反应规律，提出了超负荷原理。简单来说，初期给机体施加较大的运动负荷，会引起强烈的机能反应，训练效果也更显著。

当身体逐渐适应了训练强度后，身体的反应就会变得越来越低，训练的效果也会逐渐减弱。要继续提升运动水平，就需要适当地增加运动负荷，以刺激身体产生新的适应与反应。按照这个周期进行不断的循环，这就是超负荷的基本内涵。从实质上来说，超负荷指的就是在训练中逐步增加运动负荷，通过反复适应和调整，在"反应—适应"的过程中，提高运动员的身体机能水平，不断发挥其最大潜能。

要让运动能力不断提高，必须先增加运动负荷。鉴于此，运动负荷应该不断增加超过原有的负荷。超负荷并不代表过度负荷，而是指在不造成机体机能衰竭的前提下，最大限度地刺激机体，使其产生最大的适应性变化。换句话说，为了达到最佳效果，运动员必须保持在身体所能承受的负荷范围内进行高频率训练。

运动训练效果的关键在于合理运用超负荷原则。掌握训练尺度不仅会影响运动员在每个训练阶段（包括每个训练课、小周期、中周期和大周期）的表现，而且会直接影响他们未来可能达到的最高运动成绩和运动寿命。

（1）不同超负荷时身体机能状态的差异

身体机能会出现不同的改变，取决于不同的超负荷安排。当负荷较轻时，训练对身体的刺激程度较小，使得运动员的耐力得以较长时间地保持，耐受期较长，疲劳程度也相对较轻，身体恢复速度也较快。然而，训练效果不是很明显，并且容易迅速消退。当负荷较重时，训练刺激加强，运动员的疲劳程度增加，耐受期变短，恢复所需时间也变长。然而，所得的训练成果具有显著性，保持时间较长，并且衰减速度缓慢。在制定训练计划时，应当注意交替使用不同强度的训练，包括高、中、低强度训练。使用高强度负荷训练保持或发展能力，使用低负荷训练促进身体机能的恢复。

（2）不同超负荷时身体机能发展的差异

在运动训练中，采用的超负荷关乎运动能力的增长速率，与运动员能够达到的最高成绩直接相关。以下是在不同超负荷安排下运动能力增长速率和达到的运动潜能之间的差异：

①突增式超负荷安排。根据"刺激—反应—适应"规律，给身体施加大量超负荷的训练可以刺激身体作出更大的反应，从而加速适应效果并获得更显著的成绩。如果持续给身体施加过大的负荷，即使运动员在训练早期表现出色，在比赛中取得了好成绩，但可能会导致运动员身体过早疲劳，无法发挥出其自身应有的运动潜能。因此，最终能够获得的最高成绩可能会比预期要低，并且在保持优异成绩的时间上相对较短。

②渐进式的超负荷安排。逐步增加超负荷的训练方法，虽然进展缓慢，成果来得晚，但机体会逐渐适应，最终可以达到运动员的潜能极限，并保持较长时间的良好状态，获得更高的运动成绩。

总的来说，当安排超负荷训练时，我们不能贪图一时的效果，更不能急于求成，要根据运动员最终需要达到的运动成绩，制订长期的训练计划，并且合理控制每次超负荷训练所增加的强度，以确保能够按照计划稳步提升成绩。只有这样，才能最大限度地确保训练效果的成效，才能充分发掘运动员潜藏的、最大的运动潜能。

3.超负荷原则在乒乓球训练中的应用

（1）训练课中超负荷的应用

①增加负荷强度，如在跑步训练中增加速度，在负荷训练时增加重量等。

②可以考虑增加训练频率，即在速度和负重量不变的情况下增加每周的训练次数和组数。

③在不改变其他条件的情况下，缩短练习次数之间的时间或组间的休息时间，以增加练习密度。

④可以通过增加运动速度、次数及密度来增加运动总量，但要注意不要过度增加负荷总量。

（2）训练阶段中的超负荷应用

第一，每一负荷需要持续一段时间。超负荷是指训练强度或者是训练量在一定时间内逐步增加，而非每天都增加。增加负荷的规律应该是：对每一新增负荷都应该让机体有一个反应的周期，在机体适应了这个负荷之后再增加新的负荷。

第二，安排减荷小周期。经过数个超负荷周期后，应注意在周期后增加一个减荷小周期。在减荷的阶段，应该明显降低负荷，以便利用该小周期的轻负荷，消除机体在过去可能积累的疲劳状态。

第三，安排减荷小阶段。每经过一个减荷小周期，就会进入一个新的增负荷期。在经历连续增负荷的周期后，再次计划新的减荷期。以此推进，形成一个长期的训练过程，在进行了连续的、渐进性的增荷减荷安排之后，应该安排一个持续时间较长且负荷较轻松的减荷小阶段，以消除之前可能积累的疲劳，避免过度训练或过度疲劳的情况发生。

第四节　乒乓球运动的功能特点

一、乒乓球运动的功能

（一）增强人的身体素质

1. 有效改善人的心血管系统和呼吸系统功能

经常参与乒乓球运动可以有效改善人的心血管系统和呼吸系统功能。研究表明，长时间的运动会使人的心肌变得更加发达有力、心容量加大、每搏输出量增多。主要表现为以下几个方面：第一，窦性心动过缓，经常从事乒乓球运动的人群，心率脉搏跳动得缓慢而有力，单位时间内搏动次数会减少。成年男子安静时心率跳动在 70 次 / 秒左右，成年女子为 80 次 / 秒左右；而经常参与乒乓球运动的人，安静时，男子心率为 55 次 / 秒左右，女子为 65 次 / 秒左右。第二，运动性心脏增大，主要表现在心脏增大（区别于病理性心脏肥大），心室壁增厚，主要变现为外形紧实，收缩有力，心力储备高。第三，心血管机能增强，血管中每搏输出量增大，心血管的机能动员快，潜力大，恢复快。由此可见，长期的乒乓球运动可使人的心搏放缓、血压降低，从而提高心脏的工作效率，改善人的新陈代谢，从根本上提高人的身体机能。

2. 有效提升人体神经系统的灵活性

在参与乒乓球运动时，球的高速运动有效锻炼了运动员的快速判断能力和反应能力，使得运动员在有效的时间内快速采取相应的对策迅速移动步法、调整击球的位置与拍面角度，进行合理的还击，上述一切活动都是在大脑的指挥下进行的。因此，坚持乒乓球运动可以有效提升人体神经系统的灵活性，增强人体中枢神经系统的调节能力，提高人的反应速度和应变能力。

3. 有效提升人体的运动水平

长期坚持乒乓球运动可以使全身的肌肉和关节组织得到充分的活动，从而使得肌肉更加发达有力、关节更为灵活稳固，从整体上提升上、下肢的活动能力，提高人体的力量素质、速度素质和身体的灵活性与协调性，从而提升机体的运动水平。

总而言之，在乒乓球运动中，动作掌握得越多，各种肌肉的发展越趋于协调，就越能提升人体的反应速度，使得身手敏捷、四肢灵活，具有较高的运动水平。

（二）提升人的心理素质和意志品质

乒乓球运动具有较强的竞技对抗性，尤其是在比赛中，竞争极为激烈，而且赛场上的情况瞬息万变，成功和失败经常转换。运动者要经历复杂的情绪变化，承受变幻莫测的结果和激烈的竞争角逐，这在无形中锻炼了人的心理承受能力，有效地提升了人的心理素质和强大的意志品质。

（三）锻炼人的交际能力

乒乓球运动需要至少 2 个人参与，在参与过程中可与队友相互切磋球技、交流经验，使得人们在社会化活动中有更好的人际交往能力，为发展良好的人际关系打下基础。

二、乒乓球运动的特点

（一）运动设备器材较为简单

乒乓球运动需要的设备器材比较简单，随时随地都可以开展运动。

首先，乒乓球运动所需要的场地不大，一般场地的规格为长 20m、宽 7m、高 4 m，其面积仅是网球场的 1/7、足球场的 1/73。因此，在场地方面的限制比较少，甚至可以在家庭中开展。

其次，在设备器材的材料方面，乒乓球运动要求不高，所用的台子可由任何材料制成，只要保证台面均匀，具有合适的弹性即可。台面的具体弹性要求是，用标准乒乓球从台面上空 30cm 处落下后弹起 23cm 即为合适。

此外，球台的台面颜色没有过多限制，但应呈现均匀的暗色、无光泽，一般常用的颜色为墨绿色和海蓝色。在目前的大型比赛中，台面常选用海蓝色球台同红色地面、黄色乒乓球相配套。台子中间还放置一个高度为 15.25cm 的网子，台面四周还应画上 2cm 宽的白线，在进行双打时，还要在台面中央画一条 3mm 宽的白线。

最后，乒乓球具有球小、速度快、旋转强的特点。

在奥运比赛项目中，乒乓球是最小的球类运动。此前乒乓球球体的直径一直保持在 38mm，重量约 2.5 克。后来国际乒联为了增加乒乓球运动的观赏性和传播效果，决定从 2000 年 10 月 1 日开始放弃使用了 100 多年的 38mm 的乒乓球改成 40mm 的大球。球重 2.7 克，球体增大后，球速变慢，旋转变弱，但回合变多，观赏性极高。需要指出的是，首次提出"小球改大球"的人是中国乒乓球运动员，时任国际乒联主席的徐寅生老先生。当时的想法就是想让观众看球看得更清楚一点，因为之前的球小，球速很快，影响电视转播和观众的观看效果。

2014 年 7 月 1 日开始，国际乒联开始使用 40+ 新材料乒乓球，以前的赛璐珞乒乓球有毒且易燃，具有极高的危险性。新乒乓球材料不易燃，便于存储和运输。40+ 的意思是指 40～40.6mm。

乒乓球与排球、网球、羽毛球等均属隔网竞技的同一项群运动，乒乓球还同网球、羽毛球一起被称为"三拍运动"。

乒乓球在体育运动项目中一直被视为"魔球"和"聪明人的运动"。这主要是因为乒乓球球体小，较小的球体使得其在空中运行的速度极快，旋转极强，这两者相结合就带来了最多的变化。据测算，乒乓球的球速最快可达 50m/s 左右，加转弧圈球的转速高达 176 转 / 秒，不同的击打方式可以造就乒乓球多达 26 种的旋转。

（二）运动量可控

运动量可控的特点主要在乒乓球健身领域中体现出来。在参加乒乓球运动时，运动者可根据自己的身体情况和健身需求，通过一些方法自由控制运动负荷量，如可以将标准的 7 局 4 胜制的比赛缩减为 5 局 3 胜制，甚至 3 局 2 胜制。或者把每局的标准 11 分制降至 7 分，还可以 3 个人或更多人共用一张球台轮换接台。

（三）拥有广泛的群众基础

乒乓球在中国具有非常广泛的群众基础，无论男女老幼都喜欢此项运动。在大街小巷、社区小区、村民活动中心、健身娱乐场所、学校校园等，不管室内或者室外，均能见到乒乓球台，而且对运动者的身高条件要求不高，历届中国乒乓球男子世界冠军级运动员的平均身高是 1.72m，女运动员平均身高为 1.62m，与普通人的身高没有存在很大的差距。因此，具有广泛的适应性和较高的锻炼价值，便于推广和普及。

（四）具有较强的娱乐健身性

乒乓球运动的击球技巧性较强，趣味性很高，容易被大众接受，具有较强的娱乐性，人们在参与乒乓球运动的过程中可以放松身心，尽享运动的快乐。

乒乓球运动不仅具有较强的娱乐性，还具有健身性。乒乓球球速快、变化多、技巧多变，这就要求参与者在短时间内习得较强的反应能力和应变能力，因此，具有很高的健身性。

研究表明，经常参与乒乓球运动可以有效改善人的心脑血管系统的机能，提高动作的速度和上、下肢的活动能力，而且还可以发展人的协调性和灵敏性，从而起到促进新陈代谢、增强人体素质的作用。[1]

（五）具有竞技对抗性

乒乓球运动不仅是一项娱乐健身项目，而且也是一种体育竞赛项目，具有竞技对抗性。乒乓球比赛设有单打、双打、团体项目，比赛双方所使用的器材各不相同，打法多样，技战术复杂多变，使得比赛充满着适应与反适应、控制与反控制的特点。因此，乒乓球运动表现出较强的竞技对抗性特征。

---

[1] 张燕晓. 现代乒乓球运动多维度探究举要 [M]. 北京：科学技术文献出版社，2018.

第四章　乒乓球运动的战术教学与技术训练

乒乓球运动的战术与技术训练都是为了能够更好地发挥运动员的特长，力争掌握比赛的主动权，从而争取比赛的胜利。本章的主要内容是乒乓球运动的战术教学与技术训练，分别从两个方面进行论述，依次是乒乓球运动的战术教学、乒乓球运动的技术训练。

第一节　乒乓球运动的战术教学

一、单打战术的教学

（一）单打战术的原则

乒乓球战术是指在比赛中，运动员根据乒乓球比赛规则、双方的实际情况和比赛变化，有目的、有意识地使用技术、心理和身体素质的方法来有效应对，并充分发挥自己技术风格的方法。

战术从广义上而言，是在比赛中运用技战术、心理、智能和体能等综合因素，以达到更有针对性的综合运用；战术从狭义上来说，这主要指的是针对双方的打法类型和技术特点，在比赛中采用各种技战术原则和方法。

乒乓球的战术是由各种基本技术组成的，技术是战术的基础，技术质量的好坏，决定了战术的实际使用效果和战术多样性的变化。唯有对技术进行全面、深度的掌握，才可能熟练地使用不同的战术。反之，只有借助战术、技术才能得到充分发挥并得到良好运用。而提出的战术要求则可以促进技术的改进与新技术的诞生。所以，技术和战术相辅相成，相互促进，缺一不可。

对不同的打法、不同的对手，要根据自己的特点有针对性地采取相应的技术、战术。只有合理运用技术、战术，有的放矢，才会收到良好的效果。

乒乓球战术的原则主要有以下几个方面：

①在熟悉对手的情况下，才能对症下药。参加比赛时，不仅要了解自己的实力和情况，还需通过观察和分析对手的打法，掌握对手的球拍能力、技术、战术特点、心理状态和身体状况等信息，以便制定适合且有针对性的战术方案。

②要多加观察，善于分析问题。乒乓球比赛中，运动员应当关注场上局势的变化，尤其要认真观察对手的心理状态，及时调整自己的策略给对手以出其不意的攻击，影响其作战意图，从心理上给对手威胁，助长自己的士气。

③具有灵活的能力，并能随时作出应变。在比赛中，制定战术时应根据实际

情况随机应变。有些策略或战术在开局时可能会让对手不太适应，但一旦适应了就会造成对方反攻的被动局面。所以，不能只是单一刻板式的战术。

④以己之长，克彼之短。所有运动员都具备独特的比赛风格和个人技能，而无论其水平高低，都存在优势和劣势。当参加比赛时，应当善于识别局势，了解自己和对手的优点和缺点，发挥自己的长处，利用对手的弱点，以自身的长处克制对方的短处，控制比赛的节奏，并积极争取胜利。

⑤勇敢无畏，敢于冒险和拼搏。制定战术时应体现出以积极主动为导向的指导思想。具体操作时需要毫不犹豫、勇敢有力，敢于冒险挑战。当在比赛中领先时，应继续发扬优势，取得更多成绩；当局面胶着时，须果断行动，不退缩；即便处于落后境地，也不应气馁，应勇于实施作战计划，争取实现预期目标。

这些原则之间相互关联，相互依存，构成了一个辩证统一的整体。熟悉对手的技术特点和打法方式是制定和运用战术的前提。因此，运动员除了注重培养自己的战术意识，还应该强化自己的观察能力。这样才能在比赛中用较短时间，迅速掌握对手的技术、战术情况，及时制定出作战方案，在比赛中灵活运用战术，赢得比赛的胜利。

（二）单打战术教学的分类

1.发球抢攻战术

发球抢攻战术是最容易得分的战术，在比赛中常见，也是非常实用的。其核心思想是旋转和落点是前提，还原和判断是基础，蹬地发力是重点。发完球后，往往会出现两种抢攻情况，一种是侧身位的抢攻，另一种是正手位的抢攻。近年来，世界各国各种类型打法的乒乓球运动员都越来越重视发球抢攻这一战术，并使之有了很大发展。在步法上，我们怎样才能做到更简单，更快速，更有效呢？运用发球抢攻时，应注意以下几个方面：

第一，发完球之后，要有主动还原的意识，判断球的落点，先动脚，再引拍。

第二，发完球之后，不能离球台太近，否则容易被对方回过的球顶住，并且接出去的球发不出力量来，应向后撤半步，才能更好地发力。

第三，注意发球的质量。包括速度、力量、弧线、旋转、落点等变化，要给对方造成威胁和困难，发球就要一定够转，这样才能使对方的接球方式采用劈长或搓出台。

第四，发球时，应明确对方有可能怎样接球，并判断对方回球的落点。如果发的是反手底线的侧下旋，对方可能会搓或者拉。如果对方是拉过去的球，则马上迅速还原到防守状态。如果对方把球搓过去，则回搓或者主动拉球。如果形成对搓，则让自己重心降低，速度放慢，手指手腕加大摩擦。

第五，正手攻球较强的运动员，应该考虑多发低、短、平、不转、偏反手位的球或者反手位急下旋长球。反手进攻较强的运动员，发球位置多站在中线，发偏中路的球。

第六，发完球以后，如果对方回过来的球在自己的侧身位，此时运动员可以直接采用并步到侧身位，进行拉球抢攻。

第七，发完球以后，如果对方回过来的球在自己的正手位，此时运动员可以两脚同时垫步，直接上去拉球。

下面是几种常用的发球抢攻战术：

（1）正手发转与不转球后抢攻

一般来说，将球发到对方的中路或者是右方短球，同时配合左方长球。最开始先发短的下旋球，限制对手进攻和反抗，并为随后的抢攻打好基础。之后再发不转球抢攻。一般不转球也先发短的，或发至对方攻势较弱的一面。如果我们可以发到似出台又未出台的落点，则会产生更好的效果。

欧洲拉弧圈球的运动员通常会发不转球，主要将球发向直拍选手的左侧或者中路近网，并配合左长的下旋球。由于直拍选手遇到强烈下旋多的球时不敢起板，只能以搓回接的方式来接球，而欧洲选手则正好使用抢拉弧圈球的方式。也可以进行有计划地发短球，首先快搓两大角长球，其次看准实际进行抢攻或抢拉（冲）。这不仅可以防止盲目强攻，还会将对方在接发球后所准备的防守战术打乱，一举两得。

（2）发侧上旋球抢攻

发过去的球要又长又转又快，对方如果搓球会使球搓高，直接打球拍死。对方回过的球如果是上旋球时，要使重心抬高一点儿，持拍手也略微高点，准备打相持球。

如果发反手急长，可以往左后方撤步。如果发正手大角，可以往后右方撤步。

左手执拍的选手采用此套发球抢攻的战术，威胁更大。一般多用侧身发高抛至对方右近网，对方轻拉至反手，可用推挡狠压（也可用侧身攻）一板直线，或直接得分，或为下板球的连续进攻制造机会；若对方撇一板正手位球，可用正手攻一斜线至对方反手。

（3）发右侧旋球后抢攻

发右侧旋球有很多种发球方式，如钩子发球，下蹲式发球，逆旋转发球和广大球友最普遍掌握并运用的反手发右侧旋球等。接下来主要分析反手发右侧旋球后的抢攻战术。反手发右侧旋球抢攻战术尤其适合反手进攻较强的运动员运用，发出去的球，落点不同，长短不一，对方回球的方式也不一样，也导致了对方回球的速度不一样，落点不一样。一般多发至对方中右近网或半出台落点，然后用正、反手抢攻对方反手；亦可发长球至两大角，一般发至对方正手时，对方常会轻拉直线，可用反手抢攻斜线。若发至对方反手拉，还可伺机侧身抢攻等。综上所述，总结了八种反手发右侧旋球后的抢攻战术如下：

①发反手短球，对方反手拉球至本方反手位，可衔接反手反拉变直线。

②发正手短球，对方正手搓球至本方反手位，可衔接反手拉直线。

③发反手长球，对方侧身正手拉球至本方反手位，可衔接侧身正手反拉。

④发正手短球，对方正手搓球至本方正手位，可衔接正手搓球回摆。

⑤发反手短球，对方反手搓球至反手位，可衔接反手翻挑。

⑥发正手短球，对方正手搓球至本方正手位，可衔接正手爆挑。

⑦发正手长球，对方正手拉球至本方正手位，可衔接正手快带斜线。

⑧发反手短球，对方搓球至反手位，可衔接反手拧拉。

对横拍削球手，以发至中右半出台为好。因为横握拍用正手接右侧旋球不便发力，控制能力较低。反手发右侧上、下旋球，应强调出手动作要快。

2.对攻战术

对攻是进攻类打法在相互对抗时，双方利用速度、旋转、落点变化和力量轻重来控制对方，力争主动的一种重要手段。对攻战术主要是依靠左推（反手推挡、快拨）右攻或正、反手攻结合的打法，它具有快速多变的特点，达到调动、攻击对方的目的。下面探讨常用的对攻战术。

（1）压对方反手，伺机正手攻或侧身攻

①一般用于对付反手较弱或进攻能力不强的对手。

②压对方反手时，可用推挡、反手攻或弧圈球。

③压对方反手准备侧身前，应该主动制造机会，或者突然加力一板，或进攻到对方中路，或打一板对方的两个底线大角，尽量避免盲目侧身。

（2）压左调右

①适用范围。

A.自己的反手不如对方的反手时，应主动变直线，给对方正手球，避免与对手反手直接对话；

B.对方的侧身攻意识较强，应主动变直线，给对方正手球，既可偷袭对方空当，又可牵制对方的侧身攻；

C.对方的正手位置进攻威力不够强的选手，要多压对方的正手位，让其无法运用反手进攻；

D.自己本身正手进攻比对方好，应主动变对方正手后，伺机正手攻；

E.自己反手攻击力较强，左半台能力较强，侧身能力强，但是自己正手相对较弱，可在变对方正手位时直接得分或取得主动；

F.左手执拍的选手用此战术较多，因变线的角度大，右手执拍的选手往往被动。

②运用此战术时，应注意的问题包括三种。

A.变线的这板球应该更有质量。如，推挡或快撕变线应凶一点儿，力量大，速度要快，这样迫使对方跑过去，身体重心不稳，姿势动作变形，难以发力，为自己创造侧身抢攻，营造机会。

B.避免习惯性变线，被对方适应，反遭被动。

C.应是主动变线，切忌被动变线，否则易给对方提供抢攻的机会。

（3）压左等右

压左等右（紧压对方反手，等着对方变线，自己用正手抢攻），多在对方采用压左调右的战术时使用。运用此战术时，压对方反手要凶些，否则对方变线较狠，自己往往被动。

以上三个战术经常结合运用。如对方反手较弱或准备不足时，先用压对方反手的战术；但对方注意了反手，或增多了侧身攻后，就应改用变对方正手的战术。而当自己在反手位得利后（包括侧身攻），对方往往会频频变线到自己正手，此时自己又应采用压左等右的战术。

（4）调右压左

①运用方法。先打对方正手，将其调到正手位并被迫离台后，再打其反手位。注意，调正手位的这板球要体现速度和力量的优势，否则易遭对方反攻。

②适用范围。

A. 对方左半台正手进攻能力较强，压对方反手位不占优势时，如中国快攻手在对付擅长侧身抢攻（冲）的单面攻选手时常采用此战术。

B. 对付正手位的进攻能力不很强，或反手位只能近台、不擅远台的直拍快攻选手。这是目前欧洲选手对付不会反手攻球的直拍快攻手的主要战术。

（5）用加减力量压对方反手、中路后，迅速抢攻

用于对付站位中台的两面拉（攻）的选手。

运用此战术时，一般应先用加力推（攻）将对方压下去，再用减力挡又将其诱上来，然后伺机加力扣杀。如果仅有减力挡，而没有加力推，就容易招来被动。

（6）连压对方中路或正手，伺机抢攻

一般在下列情况下运用此战术：

①对方的反手进攻能力较强，正手进攻能力较弱。

②对方属两面拉（攻）打法，但反手强、正手弱。

③对方虽为两面攻选手，但遇到中路球时，习惯用侧身攻。

3. 拉攻战术

拉攻是进攻型打法对付削球打法的主要战术，即用拉球（包括一般拉球、小

上旋和弧圈球）威胁对方，然后寻找机会，伺机得分（包括扣杀和抢冲）。具体运用时，有如下方面：

①拉一角为主，突击自己的特长线路或对方中路追身。具体拉哪一角，可从两方面考虑：一是选择对方削球较弱（不稳或旋转变化不强）的一面，二是拉对方攻势较弱的一面。选择这样的拉球线路，既容易寻找突击的机会，又可避免（或减少）对方的反攻。突击的难度比拉球大，以自己最擅长的线路突击可以提高命中率。中路追身，是削球手的共同弱点，易出高球或直接失误。所以，突击中路又是最好的线路选择。但是，突击中路的技术难度较大，应注意在平时训练中主动加强练习这一技术的训练。

②拉中路杀两角或拉两角杀中路。拉中路杀两角，是先从中路找机会，连续给对手中路球，使对手注意力一直集中在中路上，然后杀两角得分。对付站位较近或控制落点较凶的削球手效果较好。中路的球，对于削球手来说，不好削，更难于削出落点很好的球，所以，突击的机会就比较多。拉两角杀中路，是先从两角找机会，使对手注意力一直集中在两个大角，然后再突击中路得分（或是突击中路后，使对方削出更高的机会球，再大力扣杀两个大角）。

③拉左边杀右边或拉右边杀左边。拉左边杀右边或拉右边杀左边两个战术实际是拉一角杀另一角。一般拉对方削球或反攻较弱的一角，杀另一角。由于拉球与杀球线路的变化，常使对方不适应而导致动作变形，被动击球，失误丢分。

④拉直线杀斜线或拉斜线杀直线。拉直线杀斜线或拉斜线杀直线两个战术各具有特点。拉斜线，比较保险、稳健；杀直线，突然性强、速度快，但技术难度较大。拉直线，仅从线路讲技术难度较大，但拉球本身技术难度小、较稳健；杀斜线，比杀直线更容易，命中率也高。比赛中具体采用哪个战术，还需依对方和个人的情况而定。一般说来，拉斜线杀直线比拉直线杀斜线战术运用得多。

⑤拉长球配合拉将要出台的球，伺机突击。在具体运用中，可有两种方法：一是先拉长球至近对方底线处（包括小上旋和弧圈球），迫使对方后退削球，再突然拉一板中路偏右的短球（将要出台），使对方难以控制而削出高球，此时机会出现，突击得分；二是先轻拉一板球，再发力拉接近底线的长球，迫使对方脚

步混乱，来不及后退，从而削出的球较高或失误。若能拉出将出台的强烈上旋的弧圈球，再配合长的前冲弧圈球，则效果会更好。

⑥变化拉球的旋转，伺机突击。拉弧圈球的时候，可拉真（强烈上旋）、假（不转）及侧旋弧圈；一般拉球的选手，可拉上旋和侧旋球，用旋转的变化来增加削球的困难。如能将侧旋球拉至对方中路，则效果更好。

⑦拉搓、拉吊结合，伺机突击。运用此战术时，一定不要搓、吊过多，否则自己越搓（吊）越弱，对方还会利用此机会反攻。为防对方的反攻，搓和吊球的弧线一定要低，并且落点一定要刁钻；一旦对方反攻后，应坚决回击好第一板，让其连续进攻能力受挫。

⑧拉、搓、拱结合，伺机突击。拉、搓、拱结合战术多为一面使用长胶、一面使用反胶球拍的运动员在对付削球打法时运用。一般先用弧圈球（包括小上旋及一般拉球）将对方拉下台去削，然后用搓球又将其引上台来，对搓过程中，再寻找机会，用拱的技术，伺机发力突击。

⑨稳拉为主、伺机突击。稳拉为主、伺机突击是使用胶皮拍的直拍削球手或攻削结合打法运动员在对付削球时的一种战术。他们的拉球次数较多，需要有一定的耐心，然后再伺机发力攻。遇反攻能力较强的削球选手时，应慎用。

4. 削中反攻战术

削球手虽然是以削球为主的打法，但是也需要有一定的进攻能力，并且是必备的能力。削中反攻战术主要是由削球和攻球相结合而成，重心的调整和步法的移动是非常重要的，在比赛中，用其独特的技术和战术，迫使对方进攻质量不高，之后抓住机会予以反攻。

（1）削转与不转球，伺机反攻

旋转变化是削球选手争取主动的关键，从目前世界乒乓球技术的发展看，没有旋转变化的削球是难以取胜的。一般是先削加转球，使弧圈球选手难于抢冲并拉得手臂发硬后，突然送出不转球，伺机上前反攻。

在具体运用中，有时还采用削加转球至对方反手，削不转球至对方正手，伺机进行反攻的战术。还有人以连续削接近端线的不转长球为主，使对方拉球失误，自己伺机反攻。

使用不同性能球拍的削球选手应充分发挥"武器"的特点，不仅反手擅长倒拍削球，正手亦应掌握此项技能。著名削球手陆元盛当年使众多攻球手败北，其重要原因就是他正手的倒拍削球使对手很难适应。

（2）逼两大角，伺机反攻

分先逼左角、再逼右角和先逼右角、再逼左角两种方法。对手右方攻势强的，先逼其左角；对手左方攻势强的（如擅长侧身拉攻），先逼其右角。使对方不能站定等着打。

此战术若能和旋转变化相结合则更好。如先逼对方右角，再突变其左角，配合转与不转的变化，对方在来不及侧身攻时多以搓过渡，判断不清就容易出高球或下网，削球选手可伺机反攻。

（3）接对方突击时，逢斜变直、逢直变斜

削球选手在接突击时，往往是接过去就算，结果常遭对方连续攻击，最终难免失分。为在被动中争得主动，应采用"逢直变斜、逢斜变直"的战术，使对方不能站在一个固定的位置上击球，增加了连续进攻的难度。

（4）破对方长短球的战术

①如对方吊的小球较高，位置也合适，削球手应果断地上前反攻。

②如对方吊的小球又短又低，很难反攻，可采用摆短、劈两大角或控制一板到对方攻势较弱的地方，不让其起板突击，争取自己抢攻。

③如果发现对方在有意实施吊小球的战术，可主动削近对方端线的不转长球。这样，对方很难再吊小球，若硬要放小球也很容易出机会球，削球手可上前攻之。

（5）攻、削、挡结合

①削、挡结合。

A. 主动运用削、挡结合战术。一般是异线变化。如先用削球连逼对方反手大角度，对方侧身拉，再突然上前挡一板至其正手空当，伺机反攻。

B. 被动运用。在对方搓中突击、发抢攻或吊小球后打突击时，皆可在台前挡一板。既可缓解来不及后退削球的燃眉之急，又可变化击球节奏，变被动为主动。

②拱、挡、削结合，伺机反攻。此战术多为使用长胶球拍的直拍选手采用。在近台，用反手拱斜、直线后，伺机用正、反手抢攻。当对方轻拉时，可轻挡对

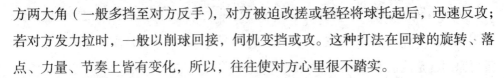

方两大角（一般多挡至对方反手），对方被迫改搓或轻轻将球托起后，迅速反攻；若对方发力拉时，一般以削球回接，伺机变挡或攻。这种打法在回球的旋转、落点、力量、节奏上皆有变化，所以，往往使对方心里很不踏实。

5. 搓攻战术

搓攻战术，在进攻型打法中是比较常见的辅助战术之一，利用旋转，速度，落点的变化为进攻端制造机会。这种打法也是削球打法相互交战时的主要战术之一。下面有以下几种搓攻战术供大家训练和比赛的选择：

①以快搓（或摆短）短球为主，再配合搓到对方两大角长球，伺机进攻。短球，特别是加转短球，对方抢攻的难度系数比较大，但光是短球，对方又很容易适应，近些年来世界各国乒乓球运动员都对台内短球下了很大功夫，并有了很大的技术进步，所以，应注意一定要配合加上两大角长球。而在对付进攻型选手（尤其是弧圈球选手）时，应特别注意讲究搓球的速度和落点，应尽量少搓，要树立搓一板，下一板就要立即攻的战术指导思想。下面详细列出四种：

第一种是反手搓接对手反手大角后，衔接正手拉下旋球，拉至对方反手（斜线）或正手（直线）。

这套组合战术对于反手进攻能力欠佳的人来说，非常奏效。在比赛中如果遇到正手拉球比较爆、稳定性比较好的对手时，在这种情况下，我们可以搓对方反手大角，自己在搓球过程中找机会上手抢攻。搓对方反手球注意要点：控制好角度，角度到位，对方也不好侧身拉球，然后准备下一板球的抢攻，在搓球时，注意手型的变化和用力方向的变化，来逼住对方的反手大角度，让对方正手进攻受到限制，在逼角度时，不能盲目地搓球，要时刻盯住和判断好对方回球的旋转。对方球不太转时，搓球可以增加撞击，把板型稍微立一些，增加回击球的速度。

动作要领：当对方将球发至自己反手位时，要跨步向前搓球，搓球时，球拍拍面要后仰，向右前下方用力，在来球的高点击球，球搓出后，采用垫步移动让出击球空间，顺势跨步准备正手位侧身拉球。正手引拍时，右肩下沉，球拍向下。击球时，腿部发力，重心从右脚向左脚转换。随后腰部发力，用腰部带动手臂挥拍，挥拍的瞬间收缩前臂，用力击球。

第二种是台内正手搓接后，衔接正手拉下旋球。

这套组合一般是对方发球至自己正手位时，跨步上前正手搓球至对方反手，对方反手搓球至自己的反手位，然后进行正手位拉球抢攻。

动作要领：当对方将球发到自己正手位时，要使用跨步上前迎球，搓球时，球拍拍面要后仰，在来球的高点期击球，搓完球后，右脚需要马上蹬地向后方退，做一个垫步还原的动作，随后，再向对方回球的方向并步移动，准备抢拉。拉球时候，要注意，向后引拍的过程中，要将身体的重心放置于右脚上，把全身的力量积蓄起来，在转腰的同时，集中爆发力挥拍击球。

第三种是台内正手搓接后，衔接反手拉下旋球。

这套组合一般是对方发球至自己正手位时，跨步上前正手搓球至对方反手，对方反手搓球至自己的反手位，然后进行反手位拉球抢攻。

动作要领：当对方将球发到自己正手位时，跨步上前正手搓球，搓完球后，右脚马上蹬地向后方退，做一个垫步还原的动作。拉球前，两腿弯曲，上身前倾，同时将前臂内收至腹前，击球时，腿部先向上发力，然后转腰，带动前臂向右上前方发力挥拍，在来球的上升后期，抑或是高点期击球的中部。

第四种是反手搓接后，衔接反手拉下旋球。

这套组合一般是对方发球至自己反手位时，跨步上前反手搓球至对方反手，对方反手搓球至自己的反手位，然后进行反手位拉球抢攻。

动作要领：当对方发球至自己反手位后，跨步上前搓球，搓球时，手腕要略有摆动，以增强搓球的下旋力量，搓完球后，右脚马上蹬地向后方退，拉球前，两腿弯曲，上身前倾，同时要将前臂内收至腹前，击球时，腿部先向上发力，然后转腰带动前臂向右上前方发力挥拍，在来球的上升后期，抑或是高点期击球的中部。

搓转与不转球至不同的落点，再伺机突击。一般是以先搓加转球为主，然后再用相似的动作搓不转球，期间再加上搓长、短球的结合，这样对手更容易判断失误，就会将球搓高，为自己的进攻创造条件。这种战术主要对付削球打法。

搓中转快推。擅长推挡的运动员可以采用。在搓球过程中，对方的来球不够转时，可以采用直接快推。

6. 如何打长胶

（1）从发球开始限制长胶

①发球主要是以发转不转的急下旋长球为主，发到对手长胶的那一面位置。如果对手是直板两面长胶，可以发急下旋长球到对手的两个大角位置；如果对手是横板反手长胶的话，发球就要发到对手长胶的那一面。

②发球要以长球为主，如果发的球够长、够转，长胶只能加摩擦的弹击或者是轻轻地刮一板或拱一板，这时我们机会就出现，可以用正手反拉或反手快撕。发球时还要注意的是，尽量不要发有长胶面的短球，因为长胶可以直接刮和拱，球速很快。也不要发侧旋球和逆旋转球，因为发的球旋转越强，长胶接过去的球的旋转就越强，发的球越拐，长胶的颗粒挤压过去的球就越拐，反而给自己造成更大的麻烦。

③发长胶位的上旋球。如果发球发的是长胶位的上旋球时，长胶不管是弹还是磕，接过去的球都是下旋球。如果拉球能力较强，我们可以直接上手拉球；如果拉球能力较弱，可以先把球搓过去，但一定要搓长。

④发长胶位的下旋球。如果发球发的是长胶位的下旋球时，长胶不管是弹还是磕，接过去的球都是上旋球。反胶选手就可以直接反手快撕，正手快带。

（2）从接发球开始限制长胶

①接发正手位的短球，劈长底线。如果长胶对手发的是正手位短球时，接球时，要加旋转并加力劈到对方的反手位底线或者是对手长胶的那一面底线位置，因为此位置的长胶选手很难起板，只能轻轻地刮一板或拱一板，这时我们的机会就出现了，可以正手反拉或反手快撕。切记不要轻轻地把球搓过去。

②接发反手位长球，拉远台。如果长胶对手发的是反手位的长球时，我们需要把球拉起来，拉到底线并拉到对方长胶的那一面。如果拉的球比较短的话，则长胶有足够的时间去发力。切记不要拉的球特别转，不然长胶磕过去的球会更转。

（3）处理长胶磕过去的球

反手拉或者正手拉过去的球，一般长胶都会选择磕过去。磕过去的球的特点：下旋球，比较沉，落到球台就往下掉，不往前走（与搓过去球的特点相比，搓过去的球会往前走）。此时，我们要先动脚，手离球台近一点儿，引拍不要往后拉太大。由于磕过去的球不往前走，球经常会在球台出现两跳（不出台），这时我们不必着急进攻，可以搓一板，搓到长胶那一面的底线长球位置。

（4）处理长胶刮过去的球

①不要搓球。在与长胶选手相持过程中，长胶第一板球磕过去，我们如果选择搓球，搓到对方长胶面时，长胶下一板球一般会选择刮一板。刮过去的球的特点：比较快，弱下旋的上旋球。如果对方打到反手位，直接往前加摩擦的快撕；如果打到正手位，则直接快带。注意往后引拍拉手时，不要太大，因为刮过去的球，球速比较快，引拍幅度太大，球很容易顶到自己。

②不要太快去找球。由于刮过去的球带侧旋，球接触球台后会直接拐，所以我们要用脚去找球，拍子对准球即可。

（5）处理长胶拱过去的球

拱和刮的球速都较快，但是拱过去的球比刮过去的球的旋转弱一点，刮过去的球带一点侧旋，拱过去的球是直线过去，但比较顶一些，会更直，更长。拱的接法与刮的接法差不多，也是反手快撕和正手快带技术，引拍动作不要太大。拱球主要是依靠身体重心去带动球，所以判断拱球的落点时候，要看对手的身体重心和拍子触球的瞬间方向。

（6）处理长胶反手弹过去的球

长胶反手弹是一项非常有威胁的技术，攻击力较强。因为弹过去的球带一点点下沉，但不是下旋球，所以接球时，不能搓球。要稍微退台到中台距离，将球轻轻挂起来，不需要加太多的旋转和拉得太冲，只需要将球拉的稍微长一点即可。

（7）长胶的应对方法

跟长胶交战时候，要了解长胶的特点：节奏的变化和旋转的变化。长胶跟反胶的旋转相反，反胶过来的上旋球，长胶过去的球一定是下旋球。反胶过来的下旋球，长胶过去的球一定是上旋球。长胶选手会利用磕球，拱球，刮球，弹球等技术，变换节奏，迷惑对手。我们应该如何应对呢？

①看清楚球的线路变化，及时调整步伐。

②引拍幅度不要太大。

③拉球时候轻拉。

④搓球时候搓长球底线。

⑤对手是两面不同性能胶皮的运动员，相持阶段要一直压住对方长胶一面，尽量不给对手正手机会。

（8）长胶的套路以及应对方法

①长胶发短球。接球时，要劈长球到对方反手位的底线，对方长胶会选择刮球或者拱球或者轻弹技术动作，接下来我们正手拉或者反手撕即可。相持过程中，要注意对方长胶的节奏变化。拉球后的，对方长胶第二板球，可能会选择磕球或者反手弹球。

②长胶接球。当长胶接球时，可以发反手底线下旋球，长胶如果是轻弹或者轻刮过来，需要做相持的准备，要有耐心，当机会出来后再选择正手爆冲。

二、双打战术的教学

乒乓球双打是乒乓球运动中的一个重要项目，深受广大乒乓球爱好者的喜爱，在世界乒乓球锦标赛及其他正式比赛的 7 个项目中，有 3 项是双打。1988 年，国际乒联决定扩大世界杯的比赛种类，从 1999 年开始，每两年举行一届世界杯男子双打和女子双打比赛。以上事实足以证明双打在乒乓球比赛中占有重要的位置。如今，世界各国对双打项目都加倍重视和关心，并投入大量的财力、物力和人力进行研究与探索，把它作为夺取金牌的一个突破口。

双打是以单打为基础的，但又不等同于单打，而且有自己的特殊要求。双打是依靠两个人合作进行比赛的项目，不仅要求运动员具有熟练的个人技术及良好的身体、心理素质，更重要的是要求配对的两名选手在思想上、技术上、战术上真正做到互相了解、同心协力、取长补短、融为一体，才能取胜，创造优异的成绩。此外，根据乒乓球竞赛规则的规定，双打运动员必须轮换击球，因此，运动员经常在运动中击球，步法运用次数多，移动范围大，这对运动员的身体灵活性和步法移动能力都提出了更高的要求。

（一）双打战术的竞赛规则

1. 双打发球的区域

进行双打比赛发球时，各台区应有一条与边线平行的 3mm 宽的白色中线，把球台划分为左、右两个相等的半区。球台的右半区是双打各方的发球区（发球时，中线应视为右半区的一部分）。根据乒乓球竞赛规则，在双打中，发球员发出的球必须首先触及本方的发球区，其次越过或绕过球网，再触及对方的发球区，否则就判失 1 分。也就是说双打发球必须在右区发球，发到对方对角，压到对方中线是好球，中线属于右区。

2. 双打发球的次序

双打开局后，接球和发球都是固定的。换发球时，上轮的接发球人变为本轮的发球人，而开局发球人的同伴是规定的本轮接发球人。2 分后，再换发球，这个上轮接发球人又变成了本轮的发球人，如此反复。而双打比赛，下一局开始时，上局的发球人，此局就是接发球者了。决胜局 5 分交换场地后，对方接发球人必须换人。

发球、接发球次序如下：

第一次 2 个球由甲 1 发球——乙 1 接发球。

第二次 2 个球由乙 1 发球——甲 2 接发球。

第三次 2 个球由甲 2 发球——乙 2 接发球。

第四次 2 个球由乙 2 发球——甲 1 接发球。

以此类推，直至该局结束，在双方比分都达到 10 分或实行轮换发球法以后，发球和接发球的次序仍然不变，每人只发一个球，直到这局比赛结束。此后，在下一局开始时应由上一局先接发球的一方先发球，先发球一方的两名队员可以任意确定谁先为第一发球员，而第一接发球员则应是上一局发给他球的那位发球员。

（二）双打战术的特征与配对

1. 双打战术的特征

①二人并肩作战，必须互相信任、鼓励、谅解。不能仅顾自己，更不能互相埋怨。

②在技术与战术上应充分发挥自己的优点，攻击对方的弱点；掩护同伴的缺点，为发挥同伴的优点创造条件。

③步法移动次数多、范围大。

④双打是以单打技术为基础的，但又有自己的特殊要求，所以，双打绝不是两名单打选手技术的算术之和。双打比赛时，同伴间可以互相帮助，不似单打那样孤军奋战。所以，在一般情况下，双打比赛的精神压力比单打轻，心理状态比单打稳定。但在关键时刻，双打运动员的紧张度要比单打大。因为在双打比赛时，每一个运动员在场上要注意三个人：一是攻击自己的人；另一个是被自己攻击的人；再一个是自己的同伴。双打比赛的比分起伏比单打大。因为两人运用一个战术，如在某一轮配对或某一环节上不顺手时，常会出现比分的连胜连负、大起大落的现象。这在男女混合双打中尤为多见。

⑤台面的右半区，规定为双打的发球区，所以，双打的发球不如单打威胁大；双打的接发球却比单打有利。

2. 双打战术的配对

（1）双打战术的配对原则

选配好参加双打的运动员是夺取双打比赛胜利的重要条件。双打配对的基本原则是：第一，两人感情融洽，具有团结、协作精神；第二，两人在技术与战术上应各有特长和优势，在比赛中互相配合，互相弥补；第三，两人站位合理，步法好，移动迅速，则前4板打得好。

（2）双打战术的配对方法

常见的双打配对方法具体如下：

①一名右手执拍攻球和一名左手执拍攻球手配对，这种配对能充分发挥正手在左、右位置上的进攻威力，缩小移动范围。

②两名两面攻或两面拉的选手配对，这种配对能充分发挥全台都能进攻的威力，而且照顾台面范围大。

③一名两面攻的选手和一名左推右攻为主的选手配对，这种配对可以充分发挥快攻的威力，加强主动进攻。

④一名中远台弧圈球选手和一名近台快攻选手配对，这种配对站位一前一后，一转一快，前者在稍远的位置拉弧圈球为同伴创造机会，后者可充分发挥攻势。

⑤一名使用两面性能不同球拍的选手和一名近台快攻为主的选手配对，这种配对可以充分发挥旋转、节奏、速度变换的特点，使选手难以适应，以创造更多的进攻机会。

（三）双打战术的技巧

由于乒乓球场地相对较小，活动范围受限，如果双方运动员平时没有加以训练步法移动和站位，比赛时很容易撞到对方，或发生漏球现象。当然，双打技术还是要建立在单打技术基础之上的，双打运动员应具备的基本技术大多与单打运动员相同，双打并不是两个运动员单打技术水平的叠加，而要看两个运动员之间的配合是否默契、技术组合是否合理。由于乒乓球双打在比赛中的落点变化多样，球速又很快，所以站位和移动是乒乓球双打战术练习的第一步。双打比赛在竞赛规则上又与单打存在着不同，这就使双打在技术上有它独特的地方。下面我们简单分析主要的双打技巧：

1. 双打的站位

双打中运动员的站位、移动、击球有着密切的联系。站位要合理，让位要方便，移动要迅速，击球效果才能好，才能有利于发挥每个人的特点。站位如果不合理，不恰当，会妨碍同伴运动员击球甚至造成相互冲撞现象的发生。

（1）发球员及同伴的站位

①平行站位。主要为进攻型运动员发球时采用。发球员站位偏右，让出 3/4 的位置给同伴，并站位近台。

②前后站位。主要为同侧持拍（均为右手持拍或左手持拍）的运动员，前者站位于中间偏右近台位置，后者位于中近台中间偏左位，与前者相差大约一步的距离。也可以是削攻型运动员配对，在发球时采用，发球员站位偏右略前位置，其同伴站位居中稍后位置。

（2）接球员及同伴的站位

①平行站位。主要为一左一右执拍的进攻型运动员接发球时采用。接球员近

台偏右站立，让出 3/4 的位置给同伴控制台面，做好还击的准备。进攻型运动员用反手接发球时，也应以平行站位为宜。

②前后站位。

A. 进攻型运动员用正手接发球时采用。接球员站于近台偏中位置，以利于正手进攻，其同伴略后错位站立。

B. 削攻型运动员用正手或反手接发球时均应采用。接球员站于中近台偏右位置，其同伴略后错位站立。

2. 双打的步法移动

双打的步法移动次数多，范围大，而且要快速、灵活。其基本要求是：击球后迅速移位，避免对方打追身球；位移时不能妨碍同伴击球；位移后尽量接近击球时最有利的位置。

下面分析常见的双打步法移动路线：

①八字形移动路线。左、右手握拍配对的运动员多采用此移动方法。两人击球后均向自己反手一侧斜线移动。

②环形移动路线。两名同侧持拍（均为右手持拍或左手持拍）的运动员配对时多采用此移动方法。一人击球后顺势向右后方移动，绕到同伴身后，等同伴沿斜线插上击球时，及时调整站位，准备击下一板球。

③T 字形移动路线。快攻与削攻打法的配对、快攻与弧圈球打法的配对、两个削攻打法的配对、左推右攻与中远台攻打法的配对多采用此移动方法。其中近台选手多以左右横向移动为主，远台选手多以前后移动为主。

④"8"字形移动路线。当对方有意识地针对本方某一名选手交叉击打两角时，其移动路线多呈横"8"字形。

以上所述的只是双打步法移动的几种基本移动路线，实战中必须根据临场的各种变化和来球情况灵活运用。在平时的训练中要多做多球的步法训练。

第一阶段的训练是正手位的顺时针循环跑位的训练。在此项训练练习中，要求并步，后撤步，小碎步，前进步交叉使用，球不停，脚下的步法就不能停。

第二阶段的训练是左半台的侧身位逆时针循环跑位训练，步法是前后，左右滑步并步和小碎步的训练为主。

第三阶段的训练是全台不定点综合性的训练，循环穿插和左右前后的跑位，几乎全部都要用上了，接近于实战比赛。

需要指出的是，中间位置拉球结束后，尽量选择向左方移动，这样做的目的是可以把全台的空间，让给自己的队友，并且还避免了与队友之间发生相撞事件的发生。如果对方回球太快，或被对手打了个追身球，则站位靠前的选手，可采用下蹲的方式，这样做的目的是给队友让出挥拍击球的空间。

3. 双打发球与接发球

（1）双打发球

因为发球区固定，接发球者可以站好位置等待，这对发球提出了更高的要求。双打发球时，旋转要求不一定有多强，但是弧线一定要低，球尽量贴着网过去，发球尽量不要出台，要短。发球时，应利用高质量的发球争取直接得分，或控制对方第一板抢攻，使发球有利于自己的同伴进攻。常用的发球方法有以下几个方面：

①发接近中线的近网短球（以发加转下旋或侧下旋球为主，配合不转球）以控制对方。但接发球者为左手执拍时，应发右边线近网短球。

②发右侧上（下）旋球迫使对方把球回到球台偏左（或中间）处，以缩小同伴移动击球的范围。

③发急长球至对方右大角或近中线位，迫使对方移位，增大接球难度，降低其回球质量。

（2）双打接发球

双打接发球所运用的技术跟单打一样，有推、攻、拉、搓、削、点、摆短、撇等。因发球区的限制，接发球是在球台右方 1/2 的位置上进行的，难度要比单打小，而且需要照顾的范围也小，因而接发球应特别强调积极主动，力争抢攻或为同伴创造抢攻机会。常用的接发球的方法有以下几个方面：

①抓住时机，直接抢攻或进攻。

②将球回至对方弱点处，限制其进攻。

③以打对方右角空当斜线或回近网短球为主，打乱对方位置，造成击球困难。

④以打追身球和反手斜线为主，结合回近网短球，控制对方，为同伴创造进攻机会。

（四）双打中的常用战术

双打的战术与单打基本相同。但由于双打是四个人在运动中依次击球，球的来回次数不如单打多，所以，应突出先发制人、力争主动的战术思想。双打战术的运用必须根据两位选手的风格、技术特点来确定，尽量充分发挥配对者各自的优势和特长。以下是常用的基本战术。

1. 发球抢攻战术

发球者以发侧上、下旋或转与不转的近网短球为主，配合发长球至对方的右大角和中路稍偏右处。要求发球短、旋转变化大、动作逼真，并通过暗示及时传递给同伴。抢攻者有意识地根据回球的落点、长短及旋转进行有目的的、有准备的抢攻，击球用力大小、速度快慢、旋转强弱应根据来球加以调节。

双打的发球应出手快、弧度低，落点以近网或似出台而未出台且接近中线的球为好，以抑制对方接发球抢攻，为本方队员抢攻创造机会。对付进攻型或弧圈形打法的选手，应以发侧上、侧下旋转或转与不转的近网球为主，配合发急球至对方右大角或中线偏右处，伺机抢攻、抢冲。对付削球型打法的选手，以发侧上旋、急下旋长球为主，配合各种近网短球，伺机抢攻、抢冲。

抢攻时要做好准备：一是发力抢攻或抢冲；二是对方接过来的球难以抢攻时，不要盲目拼杀，可用其他技术积极过渡一板，为同伴创造下一板抢攻的机会。

运用此战术时必须注意和同伴的配合，可用手势暗示同伴发球的种类和落点，以争取发球抢攻战术的成功。

2. 接发球抢攻战术

在判断清楚来球的旋转方向、速度、落点时，果断抢攻，主要是攻击对方空当。遇长球用快攻或快拉回击；遇短球，以快点为主，配合摆短或撇一板。如对方发球质量较高，不能直接抢攻时可变化接发球手段，控制好弧线和落点，避免因盲目硬攻造成失误。

3. 其他战术

①交叉攻两角，伺机扣杀空当。迫使对方在左右移动中造成紊乱，再攻击对方空当。

②紧逼追身，扣杀两角。使球追击对方队员的身体（如甲1击球过来，乙方就专门向甲1的身体方向打），使其让位困难和被动，伺机扣杀两角。

③连续攻击一角，再突袭另一角。一般先连续攻击对方较弱的一角，迫使对方两人挤到一起，再伺机攻击相反一角。

④控制强手，主攻弱手。由于双打比赛中配对的选手在技术上和攻击力量上都有一定差异，因此，对强手应加以控制，使其难以发挥技术特长，而把弱手作为重点攻击对象，力求在弱手身上直接得分或取得进攻的机会。

（五）双打战术的教学

双打的教学，旨在使学生了解双打在乒乓球竞赛中的重要性及其健身娱乐价值，掌握双打的基本理论知识、基本技术、战术和基本技能，培养学生团结友爱，相互帮助的精神。

1. 双打战术教学的顺序

①讲解双打的比赛方法和竞赛规则。

②根据学生的具体情况和个人技术特点进行合理的配对。

③学习双打站位、步法移动的基本方法。

④学习双打发球和接发球一般常用的技术。

⑤学习双打的基本战术，并与教学比赛相结合，提高学生运用技术、战术的能力。

2. 双打战术练习的方法

①站位、步法移动练习。

②限制左或右半台区的练习。双方将球回到对方左半台或右半台一点，进行各种击球和步法移动练习。

③一人与两人练习，借以增加回击球的次数，更好地提高步法移动的灵活性。

④以一方为主的发球和发球抢攻练习。

⑤以一方为主的接发球和接发球抢攻练习。

⑥半台对全台的击球练习。

⑦全台对全台的击球练习。

⑧在移动中控制击球路线、落点的专门练习。

⑨单个技术配合练习。

⑩教学比赛中进行技术、战术综合练习。

（六）双打战术教学的注意事项

①加强思想教育，培养相互帮助、相互鼓励、团结协作的优良作风。

②加强步法移动灵活性的训练，提高移动中击球的稳定性及控球能力。

③注意加强发球和接发球的训练，提高发球质量及接发球抢攻的能力。

三、赛事中的技战术分析

（一）赛前工作分析

临近大赛，运动员的心情一般都比较紧张，思想活动也比较多。因此，做好赛前的思想工作是十分必要的。

1. 正确研究形势

（1）分析团体赛形势

①在抽签结果公布前，对当前世界（或全国）的整个形势做一个粗略的分析，明确自己最主要的对手有哪几个国家或地区，它们的成员和技术情况怎样。

②在抽签结果公布后，应发动运动员（尤其是优秀运动员）对比赛的形势作出更细致、具体的分析。首先对同组的各队实力排队，其次再对下阶段的比赛形势作出估计，把那些对自己威胁较大的队列为重点研究对象，逐队逐人进行分析，进而讨论和决定自己的初步人选。对特别重要的关键场次，应有1~2个人选方案。

③比赛开始后，应进一步对主要对手进行观察，并依比赛的进展，不断对比赛形势作出更确切的估计和判断。

（2）估计单项比赛形势

单项比赛，一般采用淘汰赛的方法，运动员分布在不同区域，每区参赛人数较多，这就增加了对比赛形势分析的困难。教练员一方面应在赛前有个大致的估计，对那些重点对手进行必要的准备；另一方面还必须根据比赛的进展情况作出新的估计和判断，进而制定出更加明确的策略。

2. 制定作战方案

①充分利用资料，认真分析对手的技术、战术和心理特点。资料包括录像、电影，以往比赛的总结、对手的技术档案等。

②发动群众，反复研究，最后确定作战方案：一般先由运动员个人准备，再由教练员组织讨论。应多设想比赛中可能出现的困难，分别定出相应措施，最好多做几手准备。

③比赛开始后，应组织专人有计划、有目的地对重点选手做进一步的侦查，使作战方案更切实际。

3. 进行赛前训练

赛前训练的目的是使运动员对即将开始的比赛更加适应。常用的方法有以下方面：

①按既定的作战方案，进行有针对性的训练，有意识地选择与未来比赛对手打法相近的队员进行练习和比赛。

②训练时间应在上午、下午和晚上都有安排，以适应将来比赛的需要。

③每天训练都应有一定时间的记分比赛，每周应安排1～2次全队性比赛。临近大赛前一个月左右，应组织1～2次较大规模的公开赛，比赛方法、设备器材最好与将举行的大赛相同。赛后应认真总结。

④应特别注意对运动员竞技状态的培养，运动负荷需进行必要的调整，负荷量不宜太大。要注意防止运动员受伤。

⑤到达比赛地点后，应按大会规定，做好适应比赛场地的练习。如果比赛场地不止一处，最好能到每个场地都去练习一下，当客观条件不允许时，应到各场地观看。

（二）赛中工作分析

1. 开好准备会

（1）决定出场人选

出场人选，因赛前已有研究，如比赛开始后无变化，即要坚持原来决定；如有新情况发生（包括对方和自己两方面），则必须对原决定作出适当调整。对关键场次人选的确定，应持慎重态度。一定要考虑双方运动员的诸方面情况，既要重视平时的表现，又要特别注意开赛后的变化（竞技状态如何、情绪怎样）。不要迷信运动员过去的成绩而无视他临场的表现，也不要因偶尔一场比赛的失利就动摇对他的全面估价。

（2）确定出场阵容

教练员应把对方排阵的可能性与我方排阵的多种方案都提出来，请运动员参加讨论，广泛征求意见后，再做最后决定。在讨论会上，应尽量避免过多地讨论运动员的缺点，以免影响他们的信心。

（3）明确战术指导思想和具体战术

对于赛前已有较充分准备的场次，可由教练员和运动员先介绍了解到的新情况，再由运动员扼要地谈自己修改了的作战方案，经大家补充后，最后由教练员明确提出比赛的战术指导思想和具体战术。对于一些在赛前尚未充分研究的场次，或根据最新情况需对原作战方案进行较大变更时，可由教练员或决定上场的运动员先谈出具体的战术方案，然后请大家发表意见，最后提出几条明确的战术要求。

（4）单项比赛的准备会

一般场次比赛的准备会，可由教练员和运动员以交谈的方式进行即可。重要场次的比赛，需邀请有关人员召开专门的准备会。准备会的时间要短，应在已有具体方案的基础上召开，防止冗长的讨论。

2. 做好临场指导

在激烈、紧张的比赛中，教练员若能和运动员配合好，往往会对胜利起到很重要的作用。

（1）对临场指导的要求

①头脑清醒、态度沉着、表情坚定，不为场上的一球一分所左右，使运动员从教练员那里得到信任、鼓励与信心。

②发现问题迅速、准确；解决问题时果断、大胆。

③语言必须简洁。

④正确处理与运动员的分歧意见。当教练员的意见与运动员有分歧时，应允许运动员随机应变，以避免运动员因思想混乱而贻误战机。

（2）临场指导的内容

①战术指导思想或基本打法是否正确，如两强相遇，必须坚持积极主动的原则，力争抢攻在先；不能抢攻时，必须加以控制。又如：对方擅打快攻，若一开赛就发急球打快攻，必然被动；可先从下旋球打起，再拉起来转为对攻。

②指导思想已定，具体的战术如下：

A. 发什么球、什么旋转、什么落点、主要发球与辅助发球的配合等。

B. 接发球。对方擅长哪种发球抢攻（擅长搓接后抢攻，还是拉接后抢攻），要找到哪些位置是对方最擅长和不擅长抢攻的落点，如果用某种方法接发球后，频频被对方抢攻，则必须改变接发球的方法。

C. 在相持对打中，如何贯彻执行既定的战术。如已形成推攻局面，是先"调右压左"，还是"压左调右"，二者如何配合，若采用压对方反手后侧身攻的战术，这侧身前的一板是压反手大角好，还是压中路好。又如：自己抢攻落点，要确认打对方反手，还是正手，一般规律是：对方站位近台时，抢攻其正手或中路好；对方离台后，先攻其反手，再调正手大角为好。

③对特殊球的处理。有些球处理不好，会影响全局，所以，必须授以对策。例如，某个发球总接不好，就必须告诉他接此球的方法。

④加强对运动员的心理指导。运动员在比赛中的心理变化是很复杂的，必须采取实事求是的态度，在比分领先、落后、相持时，不同的选手可能产生不同的心理反应。而同一选手因比赛规模不同、对手不同，也会产生不同的心理反应。

（3）及时做好比赛小结

一次（或一场）比赛后，无论胜负都要及时小结，小结的形式和时间可依具体情况而定。通过小结，树立正确的胜负观，及时总结经验教训，以利今后再战，善于从胜利中找不足。

（三）赛后工作分析

1. 进行认真总结

①端正态度。充分认识总结的重要性。总结，是将丰富的感性知识上升为理性知识的过程，是不断深入揭示乒乓球运动内部规律的过程。中国乒乓队历来十分重视赛后的总结工作，正因为此，才促使我们的认识水平不断提高，我们的训练工作不断取得进步。

②指导思想。一定要以辩证法为指导思想，反对形而上学。通过总结，应总结出方向、总结出方法、总结出干劲、总结出团结。

③总结方法。应采用运动员、教练员和领队三结合的方法。一般先由个人进行总结，然后在此基础上，通过民主讨论，再由教练员进行全队的总结。

2. 及时做好赛后的思想工作

善于捕捉因比赛结果而产生的各种思想苗头。胜利，可成为继续前进的动力和起点，也可成为前进的绊脚石；失败，可使人一蹶不振，但也可成为成功之母。此时的思想工作具有重要的作用。

对于在比赛或训练中作出较大贡献的同志，应予以表彰和奖励。对比赛中表现出的不足，应实事求是地指出，并帮助他们认清努力方向。提倡开展批评和自我批评。大赛后，应充分利用可能的恢复手段，使运动员在生理和心理上能得到较好的恢复。

第二节　乒乓球运动的技术训练

一、乒乓球运动的技术教学原理

乒乓球运动属于技能性隔网单人或双人对抗项目，在比赛中，对抗双方没有身体接触，因此，除了身体素质和心理素质之外，运动员技能的熟练和实用程度是获胜决定性的因素。乒乓球运动技能形成的本质是建立运动条件反射的过程。乒乓球技术教学必须遵循运动技能形成的规律，教师充分认识这一点可以提高教学效果，而学生了解这一点，可以明确在练习中"多思"的意义，促进对乒乓球运动技能的学习和掌握。

（一）学习掌握运动技能以适应比赛的需要

乒乓球运动员在比赛中完成一个击球动作的过程如下：

①判断来球。当观察到对方的击球方式和球的飞行轨迹，经过思维判断来球的方向、旋转、力量和速度；

②移动步伐。对即将飞到自己一方台面的球，作出的第一个反应，是使自己的身体在击球前与来球保持适当的相对位置，以便为发挥击球动作创造条件。同时，在移步过程中，就已经在根据来球的情况，决定了自己击球的方式，做好引拍动作；

③挥拍击球。当球从本方台面弹起，则运用全身的协调用力动作挥拍还击来球；

④顺势挥拍。将球击出后，手臂继续顺势完成挥拍动作，并且，伴随着身体重心的转移；动作还原：身体重心还原成准备击球姿势，球拍也置于身前，准备下次击球。整个击球过程，必须在零点几秒的时间内完成（图4-2-1）。

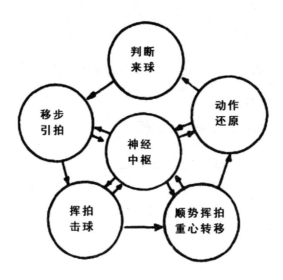

图 4-2-1　顺势挥拍

为了适应这种比赛要求，运动员在训练中的核心任务，就是建立一种既熟练又实用的技术动作系统，即运动条件反射系统。这种运动条件反射系统应具有以下特点：

①自动化的。即不假思索就可以根据来球的性能，作出与来球相适应的击球动作。

②连锁的。即每一自动化的击球动作，都是由步伐移动同时引拍→挥拍击球→顺势挥拍同时重心转移→动作还原几个环节一气呵成的连锁反应。

③组合复杂的。即根据对来球准确迅速的判断，可在已经完成的某个技术动作的基础上立即从自动化的动作库内，选择出另一个技术动作与之衔接，以实现连续击球的要求。例如，发球后接正手抢攻，正手抽球后接反手抽球等等。

④变化多端的。即同一种击球动作，可以在瞬间决定击球方向，用力大小，旋转强弱的不同，以更好发挥反击作用。全面而又特长突出的。各种技术动作的全面掌握，能应对各种局面，不同打法有自己的特长技术动作，是制胜的有力武器。这二者必须是辩证统一的。

（二）运动员建立运动条件反射的过程

①教师示范、展示图片、技术录像放映、刺激学生的感觉器官，经传入神经

到视觉中枢与运动感觉中枢发生联系，形成动作表象。

②教师讲解，用语言描绘动作方法和强化动作要求，刺激学生听觉器官，经传入神经到听觉中枢，使语言中枢与运动感觉中枢发生联系，形成动作概念。

③初步的动作表象和概念发生联系是大脑皮层第一、二信号系统之间发生联系，起到使动作表象和概念互相强化的作用。

④学生根据大脑皮层获得的动作表象进行练习。通过练习主要是获得两种感觉来掌握动作技能：一是肌肉感觉，学生对预先获得的动作表象进行模仿，握拍手臂及全身其他部位肌肉在动作过程中的收缩和放松的程度和时间间隔，刺激肌肉本体感受器，然后，由传入神经将这种反馈信息传入大脑皮层的运动中枢。二是球感，所谓球感是指判断球的性能有效的控制球的能力。球感好的表现是由于动作与来球的不同性能相适应，击球的准确性高（图4-2-2）。

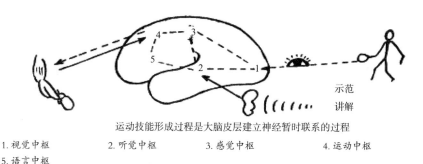

运动技能形成过程是大脑皮层建立神经暂时联系的过程

1.视觉中枢　　　　2.听觉中枢　　　　3.感觉中枢　　　　4.运动中枢
5.语言中枢

图4-2-2　运动技能形成过程

如图4-2-2所示，运动技能形成过程是大脑皮层建立神经暂时联系的过程。图中的1表示视觉中枢，2表示听觉中枢，3表示感觉中枢，4表示运动中枢，5表示语言中枢。

（三）乒乓球常用教学手段的原理

（1）熟悉球性的练习

熟悉球性的练习，对于刚接触乒乓球的球员来说异常重要，是培养孩子兴趣的第一步，握拍手执拍，用各种方法接触球，如原地托球练习、运动中托球练习、向地面拍打乒乓球练习、原地颠球练习、运动中颠球练习等方法。这种球拍和球相互撞击的练习，可以有效地刺激大脑，还能收到以下效果：

①手指，手腕，前臂，大臂等身体各部位得到充分放松。

②在使用正确握拍的前提下，体会握拍手指和手腕的用力方式，避免发蛮力。

③体会球拍与球接触瞬间的感觉。

④培养眼睛和手的相互配合的训练。

（2）徒手动作挥拍练习（不击球的挥拍练习）

无论是初学者还是打球多年有着丰富经验的老运动员，抑或者全国冠军、世界冠军，徒手挥拍练习是任何乒乓球运动员在学习新技术或者练习已学会的任何技术动作，都需要进行的一项练习。对于初学者来讲，徒手挥拍练习更加重要，它可以刺激大脑皮层形成动作表象，通过肌肉的收缩和放松，就使这种模仿动作而产生的肌肉感觉反馈到大脑皮层中，教练再借用语言刺激大脑，给予指导和建议，再进行反复的徒手挥拍强化训练，使正确动作的肌肉感觉不断地在反复练习和巩固，继而形成肌肉记忆。这种反复地做重复动作的练习，有助于进一步在进行实践练习或比赛时，形成运动条件反射。

对于有一定基础的运动员来说，徒手挥拍练习可用来巩固和加深已获得的正确动力定型，亦可用在改进技术动作方面，还可以充当专项身体素质训练的手段，例如，用哑铃做击球动作，发展击球力量。

（3）单个技术动作的单线路练习

单个技术动作的单线路练习是最初的基本技术练习，旨在形成简单的动作技能。运动员首先是通过视觉判断来球的时间，大脑随即发出指令，手臂迅速作出挥拍击球动作，击球时获得的肌肉感觉传入大脑，反复的、接近周期性的动作，使肌肉感觉的记忆加深。建立起以视觉中枢为主的感觉中枢（包括听觉、触觉、本体感觉），与运动中枢的神经暂时联系。因此，这时的练习应尽量向练习者提供性能相近的球（包括时间、位置、旋转、力量等因素），使其能在不移动脚步的情况下，保持用同一种手法击球，使其能尽快获得一种有效的肌肉感觉。

（4）单个动作技术的复线路练习

单个动作技术的复线路练习即以单个技术的单线练习为基础，进行斜、直线二条线路的练习，线路变化以同一种技术为出发点，所以，难度虽有增加，却并不复杂。二条线路的技术动作共同点是主要的，不同点决定打出不同的线路，经过反复练习后，一旦形成了新的动力定型，就可以不必考虑其不同点，而随心所欲地打出不同的线路。

（5）两个技术动作的二条线路练习

两个技术动作的二条线路练习即把二项技术结合在一起的动力定型。开始是机械地一种技术打一下交替地有规律地练习，最后要达到一种较复杂的运动条件反射，即球来到哪一方就用哪一方的技术动作还击。例如，对左推右攻打法的运动员来讲，来球到自己左方就用推挡或反手攻球还击，来球到自己右方就用正手攻球还击。形成这一动力定型的关键是以步法移动的自动化为基础的。

（6）不同打法以特长技术为主的全面技术练习

进行不同打法以特长技术为主的全面技术练习的这种综合练习，在开始阶段，运动员的意识要根据来球的性能（旋转、力量、落点等），考虑各项单个技术动作衔接的技术。例如，来球上旋就要想到如何调整拍形和用力方向控制来球的上旋力，来球又变为下旋，自己的拍形和用力方向又要同下旋来球相适应。最初，若没有这样的意识，技术的运用效果就差。通过反复练习，一旦处理不同性能的来球达到得心应手的程度，形成了一种更高层次的自动化，就可以考虑战术训练。

这种综合技术练习同样需要经过由简到繁，由有规律到无规律的系统练习步骤，效果才更显著，具体内容如下：

①两种技术结合的固定线路练习。例如，反手发球后，要求对方把球送到自己球台的左边，练习用正手侧身攻球或拉弧圈球。

②两种技术结合的不定线路练习。这种无规律的练习可有效地提高大脑皮层的灵活性和协调性，使所练技术更符合实战要求。

③三种技术结合的固定线路练习。例如，推挡后侧身正手攻，然后扑正手攻。若没有对方的线路固定，则练不成。

④三种技术结合的不定线路练习。

全面技术结合的综合练习。这种练习可以是两种技术，也可以是三种技术或多种技术的结合，在相持中，主要思考随机应变地发挥自己的技术，使各种技术在适应中得到调整。

战术训练教学。当学生的技术练习达到相当程度，意识可以脱离技术动作的束缚，转向思考如何发挥自己的技术优势，限制对手的技术而取胜的问题，就可以进行战术训练教学。战术意识以单个技术的自动化为基础，是一种最高层次的，建立战术动力定型的神经暂时联系，它是一个运动员所有的单个技术运动条件反射的总和，而且超出这个总和，形成一种有目的的、主动的、灵活运用各项技术的能力战术训练，其教学的步骤是：单个战术练习→结合战术练习→全面战术练习→实战练习。

实战练习是全面战术和技术的综合演练，从练习中，可以检验战术和技术掌握的程度，一方面巩固已获得的技术战术动力定型，另一方面找出薄弱环节，以利今后改进。

经过以上几个步骤的练习，技术战术训练的任务并没有全部完成。随着世界乒乓球技术水平的不断发展和提高，运动员必须不断创新技术和战术，在巩固和发展原有技术战术体系的同时，不断建立新的运动条件反射，才能不断取胜。

二、乒乓球运动的技术能力培养

（一）基本步法

1. 基本步法的分析

乒乓球技术理论中指出，步法是"乒乓球运动的生命和灵魂"，"三分靠手，七分靠脚"，我们经常听到的一句话是"用脚找球"。从本质来讲，步法就是合理的移动，步法移动是击球的基本环节，也是最重要的环节，是正确使用和衔接各项技术动作的枢纽，更是执行各项战术的有效保证。传统乒乓球技术理论认为手臂是技术的关键，而实际上，现代乒乓球技术理念确定只有移动到位，才能有较为舒适的体位施展手臂上的"功夫"。

对于乒乓球运动来说，基本步法如下：

（1）单步

以一只脚为轴，另一只脚向某个方向移动。单步优点是动作简单，灵活快捷，移动范围小，重心转换较为平稳。当一只脚移动时，身体重心要随之落于该移动脚上。缺点是移动后两脚间距加大，发力较困难，以防守和快攻打法为主，不适用弧圈球技术。常用于接发球和近网短球。

（2）并步（侧滑步）

两脚分开，略宽于肩，重心降低，膝盖弯曲，重心在前脚掌，后脚跟略微抬起，向右移动时，左脚先蹬地发力，向左移动时，右脚先蹬地发力。身体重心是左右移动，而不是上下移动。

（3）跳步

跳步和并步类似，基本上都是横向移动，不同的是跳步时，身体有短暂的腾空，且移动速度较快，是主动进攻的步法，常用于快速侧身正手攻，两点攻，推侧扑，不定点。

（4）跨步

跨步动作幅度和移动范围都较大，用来应对对方突然加速，角度稍大的球，并伴随拧拉和挑打等技术。基本动作为一脚蹬地，另一脚向移动方向跨一大步，蹬地脚随后跟上半步或一小步，以保持身体平衡。

（5）交叉步

交叉步移动范围和幅度都较大。在比赛中，侧身位拉球之后，对方会再给一个大角度正手位球，这时候就要运用到交叉步了。向右侧移动时，身体向右侧转体，重心在右脚，同时，左脚迅速向前跨出一大步，落地的同时，右手挥拍至眉心，身体顺势向前转向球台，即左脚脚尖向前，引拍上步的动作要用腰带动完成。主要用于扑救角度更远，更大的球。

（6）小碎步

小碎步是运用次数较多的步法，在比赛和训练中，时刻需要运用到。前脚掌着地，重心移动是左右，而不是上下。小碎步是练习者做向前后左右的高频率步法，包括接发球的启动，打完每板球的还原，这些都需要小碎步来调节。它能迅速地调节身体重心，调节击球位置、击球时间、击球力量，具有起动快、发力大、击球准的特点，最终目的是把我们的身体调整到击球最佳位置。

2. 基本步法的练习

①单个或组合步法的模仿练习，如挥拍做跳步、并步结合侧身步、侧身步结合交叉步等。

②看手势练习快速变换前、后、左、右移动。

③完成规定步法的次数或组数练习，或完成规定时间的步法练习。

④完成步法与手臂摆速的结合练习，如站于每张球台边线一端。听口令后，练习者采用并步、交叉步、小跑步、并步结合跨步等步法移动，用一只手或两只手分别触摸边线两端。

⑤加强腿部力量练习，采用蛙跳、蹬跨、单足起、杠铃蹲起等练习提高爆发力。

⑥观看优秀乒乓球运动员录像，学习步法移动时重心的移动，步法的衔接。

（二）基本站位

1. 进攻型打法的基本站位

运动员距离球台端线 50cm 左右。擅长近台进攻的运动员，站位可稍近些（如左推右攻打法者站位距球台端线约 40cm）；擅长中近台进攻的运动员，站位可稍后些（如直拍弧圈打法的站位距球台端线 60cm，横拍两面拉打法的站位距端线约 65cm）；擅长正手侧身抢攻的运动员，可站在球台偏左侧（如直拍、横拍以侧身抢拉为主的运动员，左脚约站在位于球台左边线延长线外约 25cm 处）；擅长打相持球或反手实力较强的运动员，可站于球台中间略偏反手的位置。

2. 削攻型打法的基本站位

运动员距球台保持一定距离，离端线 100～150cm，多在球台中间略偏反手的位置，重心不需要与正手攻球一样降得很低，可以略高一点儿，因为发力方向是从上往下。进攻能力较强的运动员，站位应稍微近些；以防守为主的运动员，站位应该稍远一些。

需要着重说明的是：基本站位指的是一个大体范围，并不是固定的一个数。还要因人而异，各种类型打法的基本站位不仅不同，而且它们所指的范围大小也不一样。直拍近台快攻打法的基本站位所指范围较小，弧圈球打法的基本站位所指范围较大，而削球打法则更大。另外，基本站位还与个人身体及对方打法特点有关。从目前发展趋势看，为发挥正手抢攻的威力和稳定性，进攻型打法的基本站位多偏向于球台左侧（反手位）。

（三）准备姿势

不管是哪类体育运动项目，准备姿势都是技术运用的起始状态。良好的准备姿势可以为后面的技术动作提供充足的准备。乒乓球运动速度较快，对练习者的反应速度有着较高的要求，正确的基本姿势能保证击球者迅速移动、选择合理的击球位置、有效地完成击球动作。在乒乓球运动实践中，准备姿势只是一个参考动作，并没有一个统一的标准，这主要是因为击球者的身体条件和技术特点不同，有时候准备姿势的差异还与个人习惯有关。然而，不管参与者采用哪种姿势，均包含以下几种：

1. 下肢动作

两脚开立，身体位于两脚之间或比肩略宽，但不宜超过肩宽的 1.5 倍，身体重心位于两脚间，稍保持在靠前的腿上；两脚的前脚掌内侧着地，脚跟略提起，以便于快速起动。

2. 躯干动作

上体稍前倾，适度收腹、含胸。既不能站得过直，重心过高，也不能挺出腹部，全身松散，以免降低动作的灵活性，影响击球。

3. 上肢动作

两肩基本同高，保持自然，避免耸肩，未击球时不应刻意地沉肩，下颌稍向后收，两眼注视来球；持拍手臂自然弯曲，置于身体右侧，大臂与躯干的夹角成 60° 左右，上臂与前臂的夹角接近 90°；手腕放松（但不能无力下垂而形成"吊腕"），持拍于腹前偏右侧，离身体 30～35cm。侧身抢攻较多的练习者，持拍手的位置应更偏正手位；球拍位于台面水平面上，非持拍手自然放于腹前，与持拍手基本同高。

三、乒乓球运动的技术实践分析

（一）发球技术分析

1. 发球技术分析

在乒乓球比赛当中，接发球本身是一项被动的技术，是选择积极的进攻——发球抢攻，还是选择稳妥的防守——搓球，难度都较大，所以，练好接发球至关重要。发球即为比赛开始，发球是整个乒乓球比赛过程中唯一不受对方干扰的技术环节，所以练好发球，并且要有自己独特的发球方式，已经成为当下乒乓球运动员得分的有力手段。

在发球时，发球者可根据自己的战术意图或需求自由选择合适的站位，并可在规则范围内发出各种不同力量、速度、旋转、路线、落点的球，以达到控制对方抢先上手进攻，创造得分机会的目的。纵观现代乒乓球的发球技术，主要有以下几种：

（1）发平击球

①正手发平击球。以左脚在前的近台站位为例，身体稍微右转，重心偏右脚。左手的掌心托球放于体前偏右侧，右手持拍于身体右侧。左手将球向上抛起，同时右臂稍向后引拍；当球开始回落时，持拍手由身体的右后向前挥拍；在球下降接近球网高度时，将拍形稍前倾，击球的中上部。击球后，前臂和手腕应随势向前挥动，身体重心随之移向前面的脚。

②反手发平击球。以右脚在前的近台靠中线偏左站位为例，身体稍微向左转，左手掌心托球放于身体前方偏左侧，右手持拍于身体前方。左手将球向上抛起，同时右臂外旋，并向身体左侧后方引拍；当球开始回落时，持拍手由身体的左侧后方向右前方挥拍，拍形稍前倾成半横状；在球下降接近球网高度时，击球的中上部，同时向右前方发力。击球后，手臂随势前挥，身体迅速还原，重心随之移至前面的脚。

（2）发转与不转球

①正手发转与不转球。以右手持拍，站位靠近左半台为例，左脚在前，右脚在侧后，抛球的同时持拍手向后上方引拍。要求拍面后仰，手腕适当外展，手臂

放松，腰向右转。当球降至球网高度时，持拍手迅速用力向前或向下挥拍，发球后快速还原至准备姿势，以备下一次击球。

发转球，触球部位应在球拍的底部，球与球拍接触摩擦时间长；发不转球，触球部位应在球拍的中上部，球与球拍接触时间相对较短。

②反手发转与不转球。以右脚在前、左脚在后为例，向上抛球的同时持拍手向左后上方引拍，身体随之左转，球拍稍后仰。当球下落时，手臂自左上方向右下方挥拍，在球拍触球的瞬间加大前臂、手腕手指的爆发力，增强球的摩擦力量。发球动作结束后，必须用最短时间还原成准备姿势，从而为下次击球做好准备。

（3）发奔球

①正手发奔球。以左脚在前的近台站位为例，左手掌心托球放于身体前方稍微偏右侧，身体略向右转，将球抛起后，持拍手向右后方引拍，前臂放松，使球拍顺势下降，当球降至约与球网高度相同时，手臂迅速向左前方挥动，拇指压拍，使拍面略向左偏斜。在拍球的过程中，手腕向左上方抖动，使拍从球的右侧中上部摩擦，球的第一落点靠近端线处。击球后前臂和手腕随势前挥。

②反手发奔球。以右脚在前的站位为例，身体稍向左转，左手掌心托球置于身体前方偏左侧，持拍手置于体前。抛球的同时持拍手向左后方引拍，拍形稍前倾，当球降至约与球网相同高度时，用前臂和手腕发力，击球左侧中上部，拍触球的同时前臂加速向右前上方横摆，手腕抖动使拍面摩擦球，第一落点靠近本台端线。击球动作完成后，前臂和手腕随势前挥。

（4）发侧旋球

①正手发左侧上（下）旋球。以正手发左侧上旋球为例，左脚在前，持拍手抛球的同时前臂带动手腕用力向斜后方引拍，手腕略向外展；球回落时，右手迅速向左下方挥动，食指压拍，拍面略向左偏斜约与球网相同高度时准备击球，在接触球时，前臂带动手腕往前下方发力挥拍，同时前臂略向外旋，使拍从球的正中部向左侧上摩擦，身体重心压下去，使球平行进入球台，球就会发得更低，拍触球的刹那间，球的第一落点越靠近端线（底线），发的球越长。

发左侧上旋球与发左侧下旋球的区别在于手臂应从右后方向前下挥动，使拍从球的中下部向左侧下摩擦。

②反手发右侧上（下）旋球。以反手发右侧上旋球为例，右脚稍前，持拍手位于身前，持球手位于身体左侧。发球时，拍与球接触的刹那间，前臂带动手腕用力向右下方挥动，同时前臂略向内旋，拇指压拍，使拍面逐渐向左倾斜，使拍从球的正中部向右上方摩擦，球的第一落点靠近端线。

如图 4-2-3 所示，为击球的位置。

图 4-2-3　击球位置

如图 4-2-4 所示，为击球的动作。

图 4-2-4　击球动作

反手发右侧上旋球与反手发右侧下旋球的区别在于触球瞬间，拍面略后仰，拍从球的中下部向右侧下摩擦。

（5）高抛发球

①正手高抛发球。首先，正手高抛发球应注意抛球的稳健性，抛球手的肘部要贴近身体左侧，尽量让球在抛起时接近于垂直状态，使球在身体的右侧前方降落。当球下降至大约与头部高度相同时，持拍手由右上方向左下方挥动。其次，练习者要避免击球点离身体过远，一般在右侧腰前 15cm 左右为宜。

对于不同的正手高抛发球，应分别注意的是：首先，发左侧上旋球时，注意球拍从球的右侧中下部向左侧上部摩擦；其次，发左侧下旋球时，注意球拍从球的右侧中下部向左侧下部摩擦；最后，发直线长短球时，注意球拍击球高度和用力方向，拍形变化及第一落点一气呵成，增强发球的威胁性。

②反手高抛发球。多采取右脚在前，左脚稍后的站位。持拍手同力向上抛球，当球开始下降时，持拍手向左上方挥拍，上体略左转，以增大击球的距离。

针对不同的反手高抛发球，应分别注意以下几点：

第一，发右侧上旋球，注意当球下降到头部高度时，持拍手从左上方经身前向右下方挥拍，球拍触球的左中下部并向右侧上部摩擦。与此同时，在击球瞬间，手腕由左向右挥动可增大球的旋转。

第二，右侧下旋球时，注意持拍手从左后上方向前下方挥拍，使球拍从球的左侧中下部向右侧下部摩擦。与此同时，在击球瞬间，手腕由左向右抖动可增大球的旋转。

（6）正手勾球

侧向站位于球台，重心压在左脚上，抛球后，腰部带动手向后引拍，手臂保持放松，待球落在腹前位置，迅速转腰压低重心，身体前迎。球拍触球瞬间，持拍手手指抓拍往下往前发力，摩擦球的中右侧上方，发的球是侧上旋球，摩擦球的右中下部，发的球是侧下旋球。

（7）下蹲发球（下蹲砍式发球）

身体正对球台，左脚稍微靠前，右脚稍微在后，距离球台 1m 左右，膝盖弯曲，身体重心略微前倾，收腹弯腰，非持拍手托住球，高于球台，放在身体的正前方，持拍手持拍立于非持拍手旁。手抛球过程中，身体重心先上升，在球下落的过程中，持拍手做往下做劈（甩手腕）的挥拍动作，重心跟着一起下降，当球落至稍微高于球网后，挥拍触球。侧上旋球需要摩擦球的中上部，侧下旋球需要摩擦球的中下部。

2. 发球技术的练习

①徒手做抛球及发球前的准备动作练习。

②在台前的发多球练习。

③练习中要尝试各种旋转和各种旋转强度的发球练习，做到可以随心所欲地发出不同旋转方向和强度的球。

④规定距离，如离墙 2m，对墙做各种发球练习。

⑤规定手法，如同一手法发不同旋转和落点的球。

⑥不同的发球练习结合进行。先练习发斜线球，后练习发直线球；先练发不定点球，后练发定点球。

⑦观看优秀乒乓球运动员的录像，体会其发球要点。

3.发球技术在比赛中的注意事项

①抛球前，持球的手掌需放平，且高于球台，在端线以外，并将球静止放在掌心。持拍手也需将球拍高于球台。

②抛球高度必须达到 16cm。

③抛球的倾斜度不能大于 30°，需垂直向上。

④抛球时，不能有意识地加旋转。

⑤抛完球后，须在球下降时，才可以用球拍击打。

⑥无遮挡发球。

⑦发球过程中，非持拍手不能触碰到球台。

（二）接发球技术分析

1.接发球技术分析

乒乓球比赛中的接发球技术是一项特殊的技术环节，是在比赛中从被动变主动的最佳时期。接发球者应运用正确的接球动作破坏对方的发球，给发球者造成被动，限制对方想运用自己设计的发球套路战术，或主动得分。接发球技术的好坏对接发球者在比赛中能否变被动为主动非常重要。倘若接发球者对发球者发的球不熟悉，判断不清，总是吃球，则在比赛中就会相当被动。接下来，让我们仔细分析各种发球应该怎样去接。

①接上旋（奔球）球时，可采用正反手攻球或推挡回接，接发球时拍面适当前倾，击球的中上部。

②接下旋长球时，可用搓球，削球、提拉球回接，搓或削球时多向前用力。

③接转与不转球时，如果判断不准，可轻轻地托一板或撇一板，但要注意弧线和落点。

④接左侧上、下旋球时，可用攻球和推挡（搓球或拉球）回接，接发球时拍面稍前倾（后仰）并略向左倾，击球偏右中上（下）部位，以抵消来球的旋力。

⑤接右侧上、下旋球时，可用攻球或推挡（搓球或拉球）回接；接发球时拍面稍前倾（后仰）并向右偏斜，击球偏左中上（下）部位；其他同接左侧上、下旋球。

⑥接近网短球时，可用快搓、快点或台内突击回接，接发球时主要靠手腕和前臂的力量击球。

2. 接发球技术的练习

①固定一种技术（如推挡、削球、搓球等）去接对方的单一发球。

②练习回接对方的平击发球。

③练习接对方用近似手法发出的两种不同旋转的球，以提高适应能力。

④练习用不同的技术方法回接对方发来的旋转球，以提高适应能力。

⑤由定点定性能的接发球练习逐渐过渡到不定点不定性能的接发球练习，以加强对对方来球旋转和落点的判断。

⑥两人一组进行发球和接发球练习，提高防御对方强攻的能力。

（三）推挡球技术分析

1. 推挡球技术分析

（1）快推

以在球台中间或偏左，身体距台约 40cm 的站位为例。该技术要求练习者两脚平站，自然开立或左脚稍微向前，右脚稍微向后，两膝微屈，收腹含胸，手臂放松，身体向前压（便于拍面前压）或稍微向左转。右上臂和肘关节靠近身体右侧，手臂自然弯曲放松引拍至身前靠近身体或偏左，与此同时，前臂外旋，使拍面稍前倾，当对方的来球从台面上弹起后，前臂和手腕向前或向前兼略向上挥拍迎球，在来球的上升前期，借来球的反弹力，以稍前倾的拍形推击球的中上部。击球瞬间，前臂和手腕自然向前或向前兼略向上发力，并主要借用来球的反弹力量将来球快速击回。由于直拍握法从生理结构来讲不便于作出下压动作，所以拇指、食指和后面的三个手指需要在后面顶住。击球后，手和臂顺势向前挥动，并迅速还原成准备姿势以备下次击球。对于快推技术动作的整个过程来说，身体重心一定要置于双脚上（图4-2-5）。

图4-2-5　快推技术动作的过程

（2）挡球

①正手挡球。以在球台中间或偏左、身体离台40～50cm的站位为例。该技术要求练习者两脚开立，左脚略前，两膝微屈，收腹含胸，上体略向右转。右臂自然弯曲并内旋，使拍面接近垂直，置于身体右侧前方。当对方的来球从台面弹起后，前臂向前，以拍迎球，在来球的上升期，以接近垂直的拍形推击球的中部。只以前臂和手腕轻轻用力，借助来球的反弹力将来球挡回。击球动作完成后，不但要让手和臂顺势前挥，而且要在最短时间内还原成准备姿势，从而为下次击球做好充足准备。

②反手挡球。以在球台中间或偏左、身体离台40～50cm的站位为例。该技术要求练习者两脚开立，比肩稍宽，右脚略前或两脚平站，两膝微屈，收腹含胸，上体略向左转。右臂自然弯曲引拍至身体前方或略偏左，同时前臂外旋，使拍形接近垂直状态。当来球从台面弹起后，前臂向前，以拍迎球，在来球的上升期，以接近垂直的拍形推击球的中部。击球瞬间只以前臂和手腕轻轻用力，主要借助来球的反弹力将来球挡回。击球后，手和臂顺势前挥，并迅速还原成准备姿势以备下次击球。

（3）推挤

推挤技术的具体要求：练习者看准来球，在来球触台后弹起的上升期，触球的左侧中上部，沿球体向左下方用力，以摩擦为主。

推挡球技术的易犯错误与纠正方法如下：

①易犯错误：伸直胳膊去打球，引拍动作小，导致发不上力。

纠正方法：身体略微前倾，含胸收腹，引拍到胸前。

②易犯错误：球拍前倾太大，很容易把球推下网。

纠正方法：球拍略微前倾。

③易犯错误：大臂张开，导致正反手衔接时候抢大臂。身体与胳膊夹得太紧，导致加力推的时候的力量受到影响。

纠正方法：大臂靠近身体，大约一个拳头左右的距离。

④易犯错误：拍头翘起，手腕外翻，很容易导致手腕的损伤，并且拍头较轻，拍饼略重，也会导致推挡的稳定性较差。

纠正方法：拍头朝左，差不多与桌面平行。

⑤易犯错误：持拍手紧张，不知如何发力，导致动作生硬。

纠正方法：拇指放松，食指发力。

⑥易犯错误：往上挑球。

纠正方法：往前推挡。

3. 推挡球技术的练习方法

①挥拍模仿推挡练习，体会击球的动作要领。

②两人一组进行对推练习。

③两人一组、一人以平击发球喂球，另一人挡平击发球。

④两人一组，一人攻球，另一人推挡对方攻球。

⑤两人一组，进行推落点练习，由一点推对方球台不同落点。

⑥进行各种推挡球方法的结合练习。

（四）搓球技术分析

1. 搓球技术分析

（1）快搓

①正手快搓。击球者肘部自然弯曲，手臂外旋使拍面角度稍后仰，后引动作

较小。当来球跳至上升期时，利用上臂前送的力量，与手腕配合发力，触球的中下部并向前下方用力摩擦球。

②反手快搓。反手快搓与正手快搓基本相同，方向相反。

（2）慢搓

①正手慢搓。击球者左脚稍前、身体稍向右转。前手臂向右上方引拍，前臂带动手腕向左前下方用力，在下降后期击球的中下部。直拍者反手搓要以食指和中指用力为主，同时拇指配合发力；横拍者需要有机结合拇指与食指的协调发力。

②反手慢搓。反手慢搓与正手慢搓相同，方向相反。

（3）摆短

摆短在实战比赛中的运用非常普遍。质量较高的摆短可以有效控制对方的上手进攻，其中以摆短至对方左右两边的"小三角"位置为最佳。除此之外，立足于战术角度来分析，倘若对方步法与处理台内球的技术存在不足之处，则应把球摆短能够促使对方到台前，从而造成对方回球质量出现下滑。

①正手搓球摆短。击球者右脚前移，靠近球台，球拍向右侧后方引，拍面稍后仰，在来球的上升期击球的中下部，前臂向前下方挥动，同时手腕适当配合发力。击球后，随挥动作应稍小，并迅速还原至准备姿势。

②反手搓球摆短。击球者身体前移，靠近球台，球拍略向左后引至腹前，拍面稍后仰，在来球的上升期击球的中下部，前臂向前下方挥动，同时手腕适当配合外展发力。完成击球动作后，击球者的随挥动作需要适当减小，同时用最短时间还原为准备姿势。

2. 搓球技术的易犯错误和纠正方法

①易犯错误：直拍搓球时，拍头立起来（对着球台），往前搓，导致手腕僵住，无法用力。

纠正方法：拍头朝左。

②易犯错误：手腕旋转太随意，用得太多，很容易吃对方的旋转球。

纠正方法：前臂带动手腕往前搓，手腕动作幅度小一点，放松。

③易犯错误：横拍搓球时，引拍幅度太大。

纠正方法：引拍幅度小，放在胸腹前，向前下方搓球。

④易犯错误：横拍正手搓球时，拍形平行，导致球总是搓高。

纠正方法：球拍后仰，立起来。

3. 搓球技术的练习方法

①徒手模仿搓球动作。

②对照镜子练习或录制视频反复观看自己动作，并通过乒乓球视频教学对比自身动作，作出改进。

③自己抛球，当球弹起后将球搓过网，反复练习。

④一人发下旋球，另一人将球搓回。

⑤两人一组，两人对搓中路直线，再对搓斜线。

⑥两人一组发下旋球，一人正（反）手搓对方两点，另一方正、反手搓对方正（反）手一点。

⑦将搓球与之有紧密联系的技术结合练习，如搓球后抢攻，或是将摆短与劈长结合练习。

（五）攻球技术分析

1. 攻球技术分析

（1）正手攻球

①正手快攻。以右手持拍为例，身体离球台 40cm 左右，左脚稍前，重心前倾。击球前，将拍引向右侧，引拍适度，上体与臂夹角为 30°～40°，前臂自然弯曲，与上臂的夹角约 110°～120°，与桌面略微平行。当来球从台面弹起，前臂和手腕向前上方挥动，此时，可以把大臂和小臂看成一个平面（大臂的延长线和小臂的延长线相交，两条相交的直线形成一个平面），大臂往上挥，小臂收缩，均在这个平面上做运动，拍形前倾，在上升期击球中上部。拍触球瞬间，前臂用力收缩，拇指压拍。直握拍者，拇指稍用力压拍，控制拍形，中指和无名指辅助发力并决定发力方向；横握拍者，靠食指调节弧线。完成击球动作后，挥拍到头部的高度，科学调整身体重心，用最短时间还原成准备姿势，从而为下次击球做好充足准备（图 4-2-6）。

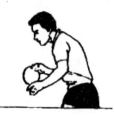

图 4-2-6　正手快攻技术的过程

②正手快带。左脚稍前，身体重心放于右脚，身体稍向右转。击球前适当拉开上臂与上身的距离，前臂、手腕自然弯曲。拍面前倾并固定手腕，使球拍高于击球点。击球时，动作要小，要求腰髋带动上体向左转动，在球的上升期击球的中上部。以前臂为主向前迎球，并利用来球前进的力量将球带出。快带中适当控制球的速度和落点变化有利于从被动转为主动。

③正手快拉。击球者左脚稍前，身体离球台约 60cm。击球前，持拍手臂向右后下方引拍，球拍以半横状下垂，拍形稍后仰。当来球从高点开始下降时，上臂由后向前上方用力挥动。在将触球前，前臂加速用力向左上提拉，同时配合手腕动作在下降期击球中部或中下部向上摩擦球，触球瞬间拍形接近垂直。若遇来球低或下旋球较强时，腰部应配合向上用力。击球后随势挥拍至额前，重心移至左脚并迅速还原成准备姿势以备下次击球。

④正手突击。视来球高低和下旋力的强弱，决定拍形和用力方向。当来球下旋强烈，拍形可稍后仰，触球中下部，触球同时多向上用力摩擦球；当来球稍带下旋，拍形可与台面垂直，触球中部，向前上方用力；当来球不转，拍形可稍前倾，触球中部稍稍偏上，用力方向以向前为主。正手突击要求：整个突击动作需要在腿、腰、髋和上臂协调发力的基础上，促使前臂主要发力，从而协调配合完成整个过程。

⑤正手扣杀。以横板为例，扣杀球时击球者多选择在球台中间或偏左，近台位置的站位。左脚稍前，两脚距离稍宽，身体重心放于右脚，两膝微屈，收腹含胸，腰、髋及上体稍向右转；右臂自然弯曲，前臂后引拍至身体右侧偏后，适当加大引拍距离，同时前臂内旋，使拍稍前倾。当来球从台面弹起后，腰、髋带动

身体及上臂向左转动，同时，上臂积极发力带动前臂和手腕向左前方挥拍，在来球的高点期以前倾拍形猛击球的中上部。击球瞬间，上臂和前臂向左前方发力，腰、髋积极协助用力。击球后，手和臂顺势向左前方挥动，并迅速还原成准备姿势以备下次击球（图4-2-7）。

图 4-2-7　正手扣杀技术的过程

（2）反手攻球

①反手快攻。主要指的是反手横拨，击球者脚宽大于肩宽，重心在两腿中间，前倾，右脚略微靠前，身体和球台的距离是 40cm 左右。持拍手臂自然弯曲，将球拍移至腹前（一拳距离）偏左位置。击球时，以肘关节为支点，手腕往前送，同时配合外旋腕动作使拍形向前倾在来球的上升期击球的中上部。击球后，顺势将球拍挥至右肩前，并迅速还原成准备姿势以备下次击球。

②反手远攻。俗称反手拉球，击球者右脚稍前，左脚在后，比肩略宽，身体离球台 1m 以外。击球前，身体重心下压，肘关节前顶，持拍手的上臂和肘关节尽量靠近身体，前臂向左下方移动，把球拍移至腹前偏左的位置，手腕内屈，使拍形稍微后仰。击球时，腰部带动手臂向右前上方挥动，前臂在上臂带动下向前上方发力（运动轨迹，以肘关节为圆心差不多画了四分之一圆），同时手腕跟随前臂的发力向前外展，在来球的下降期击球中下部。击球后，大臂随势向前送，肘关节离开身体，将拍挥至头部高度，大臂、前臂、球拍差不多成一条直线，同时身体重心移至右脚还原成准备姿势以备下次击球。

③反手快带。击球者站位近台，两脚几乎平行，上臂尽量靠近身体。击球前，前臂迅速伸入台内迎球，拍面尽量前倾下压且用手腕固定，要求球拍应略高

于来球。击球时，在来球上升期击球的中上部，借助来球的前进力用力还击或根据来球旋转的强弱适当加力。击球动作强调落点变化和长短结合，以争取主动。快带斜线时，球拍触球中左部，前臂由后向前向右下挥摆；快带直线时，触球中部，前臂由后向前向下挥摆，同时科学调整用力的大小，从而对回球长短进行控制。

④反手反撕。击球者右脚稍前或两脚平行站立，左脚支撑力稍微大一点（与正手相反），两膝微屈、收腹含胸，身体稍向左转，左脚支撑发力。击球前，将球拍引至腹前偏左处，上臂与前臂约呈130°，肘关节略向前与手平行，手略微抬高一点，拍面近乎处于垂直状态。击球时，上臂贴近身体，前臂向右上方挥动，同时腰、髋带动上体向右转动，在来球的下降前期击球的中下部，向前发力，用手腕的力量把球撕出去。击球瞬间，大拇指和食指往前送，手腕向上转动使拍面摩擦球，完成击球动作后，球拍随势挥到头部，同时用最短时间还原成准备姿势。

⑤反手扣杀。以直握拍者为例，上臂靠近身体，右脚稍前的同时前臂做旋外动作，拍形稍垂直。触球瞬间身体重心上提，食指压拍，拇指放松使拍形稍前倾，在球的高点击球的左侧中上部，前臂快速向右前方发力击球。

2. 攻球技术的易犯错误与纠正方法

（1）正手攻球技术的易犯错误与纠正方法：

①易犯错误：大臂与身体的夹角过小（夹得过紧），不利于引拍，很容易导致动作僵硬不协调。

纠正方法：左手握拳放在腋下，让大臂与身体有一定的夹角（30°左右）。

②易犯错误：前臂引拍过低（球拍高度低于球台），不利于快速引拍还原和衔接下一板球。

纠正方法：让身体贴近球台，球拍在球台上面做挥拍练习。

③易犯错误：手腕掉下去（拍头朝下，直板居多）和手腕向上翘（拍头朝上，横板居多）。手腕掉下去，导致正手攻球时，球容易打到球拍的侧面，动作僵硬，不协调，发力不当。手腕上翘，导致球拍往前推。

纠正方法：手腕和手臂几乎平行，在一条直线上。直板拍头斜向下，横板拍头平行于桌面。

④易犯错误：翻手腕，在挥拍击球的时候，手腕不固定，后仰前倾，击球不稳定。

纠正方法：先保持手腕不动，转腰用身体带动前臂挥拍即可。

⑤易犯错误：抬肘，在挥拍过程中，肘关节随意摆动，不能固定。

纠正方法：在身体与大臂之间夹一块叠好的毛巾，或者左手（非持拍手）扶助持拍手臂的肘关节，让肘关节不要乱动。

⑥易犯错误：推球，从后往前推过去，击球没有弧线，很容易下网。

纠正方法：徒手挥拍过程中，多体会转腰带动挥拍的击球弧线。

⑦易犯错误：击球后，顺势挥拍动作过大，动作很难还原，无法快速地衔接下一板球。

纠正方法：挥拍结束后，要停在身体的正前方。

⑧易犯错误：不会转腰，只会用手臂打球，腰部几乎没有转动，身体不协调。

纠正方法：挥拍时候，多体会腰部的转动带动手臂挥拍的感觉。

⑨易犯错误：耸肩，肩膀抬得很高，身体紧张，不放松，不自然，僵硬。

纠正方法：身体放松，放下包袱。

⑩易犯错误：身体重心后仰，重心乱动。

纠正方法：可以坐在一张椅子上做挥拍练习，稳定身体重心。

（2）反手攻球技术的易犯错误与纠正方法：

①易犯错误：引拍太低

纠正方法：引拍应该在球台的上面，便于撞击球的中上部。

②易犯错误：引拍太往后，紧贴腹部，打球时会被对方来球顶死。没有挥拍空间，无法发力。

纠正方法：球拍与身体的距离大约一个前臂。

③易犯错误：球拍和肘关节抬得过高。

纠正方法：球拍在腰腹的前方，球拍与身体大约一个前臂的距离。

④易犯错误：大臂带动前臂推球。力量小，还原慢。

纠正方法：前臂发力为主，大臂发力为辅，手腕不动。

⑤易犯错误：挥拍发力从左向右太多。

纠正方法：从腹部前侧向前上方挥拍。

⑥易犯错误：甩手腕

纠正方法：前臂带动大臂挥拍，手腕稍微固定。

3.攻球技术的练习方法

①徒手模仿正、反手攻球，体会蹬地、转腰、挥拍和重心转换等动作要领。

②对照镜子练习或录制视频反复观看自己动作，并通过乒乓球视频教学对比自身动作，作出改进。

③多球（注意喂球频率或快，或慢），多点（正手位，中路，反手位）练习。

④一人反手推拨或横拨陪练（定点），另一人练习直拍横打或反手横拨技术。

⑤一人反手推拨或横拨陪练（定点），另一人练习正手位或中路或反手位侧身正手攻球。

⑥一人反手推拨或横拨陪练（定点），另一人做正手三点攻（正手位，中路，反手位）练习。

⑦一人反手推拨或横拨陪练（定点），另一人做正手两点攻（正手位，中路），反手横拨（反手位）练习。

⑧二人正手攻球（斜线，侧身）。

（六）弧圈球技术分析

1.弧圈球技术分析

（1）正手弧圈球

①正手加转（高吊）弧圈球。练习者站位中近台，左脚在前，右脚稍微在后，膝盖弯曲，重心前倾，在两腿之间，肩膀放松，吸气收腹，右手的肘部向下，将球拍放置于身前的胸部位置，左手自然贴近身体。引拍时，以髋关节向右侧扭转带动上下肢，转腰，右肩下沉（以右手持拍为例），身体重心一定要压低，并压在右腿上，上肢肩关节向右转动，前臂向后下方展开，上臂与前臂夹角打开至160°左右，手腕外展，拍头朝下，拍形不要压得太低，稍前倾。挥拍击球时，右脚蹬地，右膝盖蹬伸发力，髋关节带动上肢转动，大臂和前臂带动持拍手，迎击来球，在这个阶段中，手臂和手腕要保持放松姿态，在来球的下降期击球，击球

部位在拍头部位，前臂在下肢和躯干的协同发力下，加速向右前方内旋收缩。击球后，身体的重心转移到左腿上，同时，躯干和上肢迅速制动。最后击球后，要迅速地还原到准备姿势状态。为球制造弧线。尽量用球拍的中上部去摩擦球的中下部，手上瞬间抓拍制动，将球吃住吃深。

②正手前冲弧圈球。以击球者为直握拍者为例，击球前臂在腰、髋的带动下向右后方引拍，身体重心移至右脚，比拉加转弧圈球时稍高。当球拍与来球高度相同或稍低于来球时，拍形稍前倾于拉加转弧圈球，手腕屈（横握拍者手腕内收）；击球时，前臂在腰、髋和大臂的带动下在来球的上升后期和高点期，在身体侧前方向左前上方挥拍，以向前为主，略向上发力摩擦击球的中上部。击球瞬间，肘关节约呈110°～140°，手腕伸（横握拍者手腕外展），手指手腕快速摩擦球；完成击球动作后，手臂随势朝左前上方挥动，促使力量完全作用于球上，同时用最短时间还原，从而为下次击球做好充足准备。

拉加转弧圈球和前冲弧圈球的技术动作要领的区别：

主要区别在于击球时，撞击和摩擦的比例。拉加转弧圈球，在球拍触球后，迅速转换拍形，摩擦球，使球产生强烈的上旋。拉前冲弧圈球，在击球后先充分撞击来球，然后再转换拍形摩擦球，使球产生较大的前冲力和较快的球速。

拉不同性质球的技术要领和区别。要根据球的不同性质，对技术动作的某些技术要领作出相应的微调。主要从以下四个方面进行分析：

第一个方面，引拍方向和用力方向。拉上旋球时，引拍方向和用力方向是从后向前；拉下旋球时，引拍方向和用力方向是从后下向前上。

第二个方面，拍形和击球部位。拉上旋球时，拍形前倾，拉球的中上部；拉下旋球时，拍形要根据旋转的强弱进行选择（由弱到强），拍形稍前倾，垂直，后仰。拉球部位则分别为中上部，中部，中下部。

第三个方面，击打和摩擦的比例。拉上旋球时，击打球的比例大；拉下旋球时，摩擦球的比例大。

第四个方面，击球时间。拉上旋球时，击球的上升后期；拉下旋球时，击球的高点期或下降前期。

（2）反手弧圈球

①反手加转（高吊）弧圈球。练习者两脚平行，左脚稍前，转腰，身体重心压在左腿上，右肩往左胯方向转动（持拍手不要超过左脚的延长线），上身的重心要随之降低，拍头向后下方打开，手臂向后引拍。挥拍时，前脚掌蹬地，腰腹发力，拍头带领手指手腕前臂向上摩擦，击球点在身体前方，在球的下降期摩擦球的中下部，时间要长，才能吃住球，拉过去的球才能够转，最后要还原到准备姿势。

②反手拉前冲弧圈球。练习者两脚开立，比肩略宽，左脚稍前，高于右脚半个脚掌的距离，膝盖弯曲，双脚内扣，收腹，上身前倾，将重心落于前脚掌。引拍时，拍型适当前倾，手臂向后引拍，在高点期迎前击球，挥拍要向上前方击球，摩擦球的中上部。触球时，以肘关节为轴，快速挥动前臂，并带动手腕、手指挥动。击球后，迅速调整身体重心，并还原成准备姿势以备下次击球。

2. 弧圈球技术的易犯错误与纠正方法

（1）正手弧圈球技术的易犯错误与纠正方法

①易犯错误：重心后坐。导致限制击球质量和移动中连续拉球的能力。

纠正方法：重心前倾。

②易犯错误：核心区肌肉松弛。导致发力不集中，动作速率低。

纠正方法：吸气收腹，后背挺直。

③易犯错误：使用胳膊或大幅度转腰击球。导致击球的准确性和连续性较差。动作易变形。

纠正方法：引拍时，以髋关节扭转带动上下肢转动，持拍手侧膝盖，脚掌在每次击球时，要踩住地面而后蹬伸用力。

④易犯错误：上臂和前臂夹角不变。导致丧失加速收缩的能力，限制击球质量。

纠正方法：引拍时，手臂放松，上臂和前臂夹角打开。

⑤易犯错误：翘手腕或者勾手腕。导致击球力量不充分，调节能力差，容易吃对方球的旋转，且用不上球拍拍头的加速度，影响击球质量。

纠正方法：引拍时，手腕稍下垂，手腕充分外展。

⑥易犯错误：引拍和挥拍击球的时机错误。导致降低击球准确性，影响击球质量。

纠正方法：引拍在对方来球过网时开始引拍，来球在我方台面跳起时，在身体的侧前方主动迎接来球。

⑦易犯错误：击球过程动作匀速。导致降低了击球的力量，速度和旋转。

纠正方法：引拍时，持拍手充分放松，挥拍击球时，加速挥动球拍。

⑧易犯错误：击球后随时挥拍过大。导致连续击球的能力差。

纠正方法：击球后，迅速制动还原，准备下一板球。

（2）反手弧圈球技术的易犯错误与纠正方法

①易犯错误：重心后坐，导致影响击球的质量和衔接的速度。

纠正方法：重心前倾。

②易犯错误：夹肘，打球时，失去肘部支点，击球发不上力，无法加速加转。

纠正方法：肘关节应在身体两拳左右的距离，既能保证肩部肌肉的放松，又能让肘关节起到支点的作用。

③易犯错误：抬肩膀，导致肩膀僵硬，前臂、手腕和手指挥拍击球感觉丧失，对球的控制力差。

纠正方法：肘关节应在身体两拳左右的距离，既能保证肩部肌肉的放松，又能让肘关节起到支点的作用。

④易犯错误：直接拉手挥拍击球，导致丧失动作的整体性，破坏了身体协同发力，击球的稳定性和连续性差。

纠正方法：以持拍手侧腿为轴，髋关节和肩关节的扭转带动前臂手腕挥拍击球。

⑤易犯错误：手腕上翘或与前臂夹角水平，甚至外展，导致击球位置不正，体会不到拍头的加速度，影响击球质量。

纠正方法：引拍时，手腕内收，并略下垂。

⑥易犯错误：击球时，手腕过于灵活，甩动幅度过大，导致对来球的控制能力低，击球的稳定性差，容易吃对方来球的旋转。

纠正方法：前臂带动手腕击球，触球后，手臂控制球拍，充分撞击来球。

⑦易犯错误：挥拍击球后的随势挥拍过大，导致还原较慢，连续击球的稳定性较差。

纠正方法：击球后，迅速制动还原，准备下一板来球。

3. 弧圈球技术的练习方法

①徒手挥拍动作的分解练习。

②徒手拉弧圈球技术动作的连贯挥拍练习。

③在原地做上肢徒手动作的基础上，结合下肢步法（并步）做移动中的模仿练习。

④对照镜子练习或录制视频反复观看自己动作，并通过乒乓球视频教学对比自身动作，作出改进。

⑤多球和单球结合的，有计划地定点练习。先多球练习拉中近台拉一般的上旋球，正手位和反手侧身位。当基本动作基本固定，命中率较高后，则进行单球定点的一拉一防练习，如一人挡球，另一人练连续拉弧圈球。

⑥多球定点拉下旋球练习。当技术动作要领基本掌握后，则进行拉对方搓接来球的单球练习。一人削球，另一人练连续拉弧圈球练习。

⑦当两种拉球都基本熟悉掌握后，则进行多球和单球结合定点上下旋衔接拉球。

⑧多球和单球结合的移动中计划练习。在练好定点拉正手拉弧圈球的基础上，加入步法与手法的配合，将练习范围从半台到三分之二台，再扩大至全台，练习方法从定点到不定点，继续遵循先采用从多球练习，稳定固定动作，提高动作熟练程度和稳定性。后进行单球练习，提高实际对抗中的正手连续进攻能力。常用的练习计划有正手或侧身位两点拉，正手或侧身位三分之二台两点拉，全台三点正手拉，全台不定点正手拉。

（七）削球技术分析

1. 削球技术分析

在 20 世纪中期，削球技术在欧洲乒坛成为主流打法，并取得了一些不俗的成绩，具体原因和那个阶段的技术理念以及器材发展水平有密不可分的关系。随着海绵胶皮的问世以及弧圈球打法的显露头角，过往单纯依靠削球等待攻方失误的打法已经丧失了生存空间。直到现在，世界各国优秀的削球选手也是屈指可数。不过，尽管削球打法失去了广阔的生存空间，但削球技术仍旧被许多专业和业余选手所运用，只因其打法作为应变或改变场上节奏，起到出其不意效果的技术使用。削球技术是削球型打法的核心技术，其特点是通过削球过程中产生的旋转和落点的变化，来迷惑对手，迫使对手回球失误。

（1）正手削球

正手削球时练习者应两脚开立，站位于球台100cm以外，左脚稍前，两膝弯曲，身体略向右转，手臂向右后上方移动，重心下降落在右脚。击球前，手臂自然弯曲，引拍至右肩侧，与肩同高，使拍面后仰；击球时，持拍手上臂带动前臂由右后上向左前下方加速切削，身体重心移至左脚，同时手腕向下转动用力，在右侧离身体40cm处，在来球下降后期摩擦球的中下部；击球后，手臂顺势挥拍的动作略大一些，挥至右侧下，迅速还原成准备姿势。

（2）反手削球

①近削。中台站位，右脚稍前，两膝微屈，击球前，前臂上提，身体略向左转，重心在左脚，球拍稍竖；击球时，以前臂发力为主，手腕配合向前下方压球，在来球高点期或下降前期摩擦球的中部或中下部；击球时，上臂带动前臂向右前下方挥动，重心转移至右脚上；击球后，手臂继续向右前下方继续挥动（无前送动作），然后迅速还原。

②远削。远台站位，右脚稍前，两膝微屈，击球前，前臂上提，身体略向左转，重心在左脚，增大用力距离，引拍时动作适当加快；击球时，上臂带动前臂发力，球拍由上向前下方挥动，重心转移至右腿上，在来球下降后期摩擦球的中下部。击球后，手臂继续向右前下方继续挥动（无前送动作），然后迅速还原。

（3）削追身球

①正手削追身球。以来球在身体中间偏右为例，击球者应右脚后撤，含胸收腹，向右后转腰。上臂靠近身体，前臂稍外旋向右上方引拍，拍面竖立，上臂带

动前臂向下用力压球以控制球弧线，在下降前期击球的中部或中下部；击球后手臂向下挥拍，放松后还原成准备姿势。

②反手削追身球。与正手削追身球相比，反手削追身球与其存在很多相同之处，不同之处是方向相反。

（4）反手侧旋削球

在接触球之前，身体要侧面对球，击球部位在球的右侧下方，触球的瞬间手指和手腕要有一个瞬间的停顿，使球产生一个强烈的摩擦，这样才能使球的旋转加强。

综上所述，在乒乓球削球技术中，不管是正手削球还是反手削球，做到以下几点会使削过去的球更具有威胁：

①削球的动作幅度一定要大。

②手拿在高处，可以尝试削球的顶部。

③身体和手要配合起来，压住弧线，可以抑制对手旋转很强的拉球。

④球在球拍上停留时间越长，旋转越强。

2. 削球技术的易犯错误与纠正方法

①易犯错误：步法移动不准确，击球点远离或靠近身体，无法完成削球动作。

纠正方法：站位离球台 1m 以外，左脚稍前。

②易犯错误：远台削球动作幅度较小，球过网弧线长度不够。

纠正方法：手臂挥拍的动作略大一些。

③易犯错误：削过去的球弧度过高，只用手去削球。

纠正方法：用身体带动手臂，手臂带动手腕一起往下压球。

3. 削球技术的练习方法

①徒手模仿挥拍练习。

②多球练习时，陪练者以拉弧圈球的方法将球发至练习者的正手位或反手位，练习者按照削球技术要领，进行技术练习。

③单球练习阶段（前期初学阶段），陪练者使用正手拉加转弧圈球的方法，拉到练习者的正手位或者反手位，练习者进行单点反复练习。

④单球练习阶段（中期稳定阶段），陪练者使用正手拉前冲弧圈球技术与正手拉加转弧圈球技术相互配合，帮助练习者进行削球技术的练习，以便练习者更好地掌握击球节奏和削球技术。

⑤单球练习阶段（后期熟悉阶段），待技术熟悉后，练习者可练习削加转球与不转球相结合的方式，进行技术练习。

⑥逼角后结合变线。连续削逼左（右）角，突然变线回右角（左）。

⑦搓削结合与削攻结合练习。

第五章　乒乓球运动的科学指导

本章的主要内容是乒乓球运动的科学指导，分别从三个方面进行论述，依次是乒乓球运动的营养指导、乒乓球运动的伤病指导、乒乓球运动的心理指导。

第一节 乒乓球运动的营养指导

在进行乒乓球运动时，运动员训练与比赛成绩不仅会受到其技战术能力的影响，而且会受到医务监督情况的影响，如疲劳恢复、运动损伤与疾病的治疗等。本节特从这几方面来进行研究，从而为运动员参与乒乓球运动训练、比赛等实践活动提供科学的指导与安全保障，进而促进其良好训练及比赛成果的获得。

一、乒乓球运动员所需的营养素

营养不是专指某一种养分，而是指一种全面的生理过程。具体来说，人体通过从外界摄取食物，并经过消化、吸收、代谢和利用食物中身体需要的物质（养分或养料）来维持生命活动的过程就是营养。这一生理过程中，从外界获取的食物中经过消化、吸收和代谢可以使生命活动得以维持的物质就是营养素。体内的物质代谢过程是生命存在、有机体生长发育，生命活动及各种体力和脑力劳动得以进行的基础与前提，这就要求有机体要通过外界食物来对一定数量的营养素进行不断的摄取。乒乓球运动同样要求运动员从外界不断摄取营养物质来满足自身参与该运动的需要。

目前，已有 40 多种人体必需营养素被发现，大致可将这些营养素分为六大类，即水、糖类、脂类、维生素、蛋白质以及矿物质。下面主要从功能及食物来源两方面来对乒乓球运动员必备的这六类营养素进行阐述：

（一）水

人体维持基本生命活动的必要物质中，水是最为重要的一种。乒乓球运动员应保持体内水的相对平衡，要克服饮水中的不良习惯等。体内能量的产生，体温的调节、营养物质的代谢等都需要每日保持充足的水分供应，这是最为基本的条件之一。特别是在高温季节参与乒乓球运动和较长时间地进行运动时，更应注意水的充分补充。

1. 水的生理功能

①人体对营养物质的吸收、运输以及对废物的排泄都要以水为载体。这是因为水的溶解能力很强，水中可以溶解许多物质，而且这些物质被溶解后是通过循环系统而转运的。

②水是构成组织、细胞的必需物质，也是维持组织与细胞外形的必需物质。水是人体内各种生理活动和生化反应必不可少的介质，参与机体内代谢过程，一切代谢活动如果没有水将无法进行，生命离开水也难以维持。

③唾液、泪液、关节液、胸腔、腹腔的浆液对组织间经常发生的摩擦具有润滑的作用，可见水具有一定的润滑功能。

④调节体温的功能。水的汽化热很大，1克水汽化要吸收 580 千卡热量。汗液的蒸发可将大量热量散发出去，从而使体温过高得到避免。

2. 食物来源

直接饮入的液体，食物中含有的水分，体内蛋白质、脂肪和糖经过代谢而产生的水分等都是水的主要来源。

（二）糖类

糖也称"碳水化合物"，主要由碳、氢、氧三种元素组成，其中氢和氧的比例等同于氢和氧在水分子中的比例。自然界中存在数量最多、分布范围最广的有机化合物就是糖，其几乎存在于所有的生命机体中。糖又可分为三类，即单糖、双糖和多糖，这是根据分子结构的大小以及糖在水中溶解度的不同而进行的分类。

1. 糖类的生理功能

①糖是构成有机体的重要物质。在细胞膜的糖蛋白、神经组织的糖脂以及脱氧核糖核酸（传递遗传信息）中，糖是重要的组成成分。糖类存在于所有神经组织和细胞核中。核糖就存在于脱氧核糖核酸（DNA）中，这是生物遗传的物质基础。

②糖类在体内最重要的生理功能就是供给能量。人体所需能量最主要、最经济的来源就是糖。它在体内氧化的速度非常快，提供热量也很及时。1克糖可产生的能量为 16.7 千焦（4 千卡）。正因为糖能够提供能量，脑组织、心肌和骨骼

肌才能得以活动。肌肉活动最有效的能量来源便是肌肉中的糖原。磷酸葡萄糖和糖原氧化供给能量直接维持了心脏的活动。供给神经系统能量的唯一来源就是血中葡萄糖。血糖降低时，昏迷、休克甚至死亡的现象都有可能发生。

2. 糖类的食物来源

谷类、豆类、薯类中都含有丰富的糖。淀糖是糖的主要来源，糖原是它在体内贮存的主要形式。红糖、白糖、砂糖等食糖几乎完全是糖。

（三）脂类

脂肪与类脂总称为脂类，是生物体中非常重要的一种有机物，其化学组成和化学结构的差异较大，不溶于水，但在有机溶剂中可溶解。人们平时常说脂肪，而不说类脂，主要是因为机体对脂肪的需要量以及摄取量比类脂大很多。

1. 脂类生理功能

①供给能量：人体能量的主要来源中，脂肪为其中之一。脂肪在热源物质中是热量最高的。体内每 1 克脂肪氧化便有 37.6 千焦（9 千卡）的能量产生，产能数量远远大于碳水化合物与蛋白质。机体吸收脂肪后，一部分被消耗，另一部分则于体内贮存。体脂是人体饥饿时最先被用来供给热能的物质。脂肪的储存量很大，这是葡萄糖和蛋白质无法比拟的。

②保持体温、保护脏器：作为热的不良导体，脂肪可以对体表热的散失造成阻碍。例如，在寒冷环境或水中运动时，皮下脂肪可保护人体温度，从而有利于机体的能量供给和运动能力的保持。而脂肪在内脏器官周边或皮下是重要的隔离层与填充衬垫，所以对保护内脏器官，避免机械摩擦和位移有积极的作用，手掌、足底等部位承受压力的能力也会增强。

③促进脂溶性维生素的吸收以及食欲和饱腹感的增加。在脂肪的帮助下，人体也能够有效吸收脂溶性的维生素。因为脂肪消化得慢，所以胃中脂肪含量高的食物会长时间停留，这就会增强人体的饱腹感，不易饥饿。

2. 脂类的食物来源

油料作物种子、植物油及动物性食物是脂肪的主要食物来源。只有动物性食物中含有胆固醇，鱼类的胆固醇一般与瘦肉差不多。

（四）维生素

作为一种重要的活性物质与有机物质，维生素能够保持人体健康，维持人体生命活动。在提供能量以及作为身体结构的组成方面，维生素都无法起到任何作用，但它可以调节体内化学反应，维持正常的生长发育和生命活动。脂溶性维生素和水溶性维生素是维生素的两大类别。维生素 A、维生素 D、维生素 E 和维生素 K 属于前者；B 族维生素和维生素 C 属于后者。下面就其中几种进行阐述：

1. 维生素 A

视觉细胞感光物质视紫质的材料合成中，维生素 A 是重要的合成成分。维生素 A 缺乏时，会影响人的暗适应能力，光线较暗的地方人的视力就变得模糊，对物体难以看清，夜盲症容易发生。上皮组织结构的完整性需要维生素 A 来维持。缺乏维生素 A 时，上皮细胞发生角化，使皮肤粗糙、毛囊角化，细菌容易侵袭干燥的眼睛角膜，溃疡甚至穿孔及失明现象就可能会发生。此外，机体免疫及骨骼发育都离不开维生素 A 的作用。维生素 A 的主要来源于动物肝脏、奶油、鱼肝油、禽蛋等食物中。

2. 维生素 B1

在机体内一些重要的生化反应中，维生素 B 作为辅酶发挥作用。短期内维生素 B 缺乏会有下肢乏力、沉重感加强、食欲减退、精神淡漠等症状发生。长期缺乏维生素 B，可能会出现典型的脚气病（全身性神经系统代谢紊乱）。神经症状是干性脚气病的主要症状。水肿是湿性脚气病最显著的症状，这种症状从下肢可蔓延到全身各处。含维生素 B 丰富的食物有动物内脏（心、肝及肾）瘦肉、豆类及粗加工的粮谷类等。

3. 维生素 B2

能量生成中维生素 B 所起的作用很关键。体内抗氧化防御系统中以及色氨酸转变为烟酸的过程中，都有维生素 B 参与。维生素 B 缺乏时，主要有阴囊病变（瘙痒、湿疹型皮肤病、红斑型皮肤病）及口腔症状（口角糜烂、舌炎、唇炎）等症状发生。维生素 B 在动物性食品，如肝、肾、心、瘦肉、蛋黄及乳类中含量较高，其在绿叶蔬菜及豆类中也大量存在。

4. 维生素 C

体内胶原的合成，血管的正常功能的维持，伤口的愈合中，维生素 C 都具有重要作用。维生素 C 具有抗氧化功能，它能促进铁的吸收，对体内亚硝胺的形成进行阻断，所以防癌作用显著。维生素 C 还能促进机体免疫功能的提高。牙龈肿胀出血，皮下出血、伤口不易愈合都是维生素 C 缺乏的典型症状，长期严重缺乏时，受压处瘀斑，皮下、肌肉、关节内大量出血等现象都有可能发生，如果治疗不及时，可因维生素 C 缺乏而出现死亡现象。维生素 C 来源于新鲜蔬菜，水果，蔬菜中的菜花、苦瓜，柿子椒和水果中的枣，柑橘、猕猴桃等，维生素 C 含量都很高。

5. 维生素 D

钙和磷的吸收利用中，维生素 D 具有积极的作用，其健骨、健齿功能突出。鱼肝油、强化奶等中的维生素 D 含量较高。由于人体皮下有维生素 D 的前身——7-脱氢胆固醇，当皮肤在阳光下暴露时，这一前身会向具有活性的维生素 D 转变。

6. 维生素 E

维生素 E 的抗氧化功能明显，因而体内其他营养素被氧化破坏的可能性会降低。全粉谷物制品、植物油、绿叶蔬菜、禽蛋肉奶等都富含维生素 E。

（五）蛋白质

蛋白质在机体的构造、组织的修补、热量的供给、维持人体健康和人体生理功能调节等方面，起着十分重要的作用，在人体中发挥着许多重要的生理功能。蛋白质以氨基酸为基本组成单位，组成蛋白质的氨基酸约有 20 种，不同蛋白质中氨基酸的种类、数量和排列顺序都有差异。

1. 蛋白质的生理功能

①供给能量。虽然说人体能量的供给并不是蛋白质的主要功能，但当糖和脂肪难以供给充足的热量时，或摄入过多的蛋白质且超过身体合成蛋白质的需要时，多余的食物蛋白质就会被当作能量来源氧化分解放出热能。此外，陈旧破损的组织和细胞中的蛋白质在正常代谢过程中也会分解释放能量。身体所需能量中，一部分能量也由蛋白质提供。此外，在更新分解代谢中，体内蛋白质也可以释放能

量。运动能力的保持是蛋白质的作用之一，人体蛋白质的百分之四十，都是在肌肉中。

②组成细胞组织和器官。如构成具有免疫作用的抗体，有免疫作用的抗体，就是一类球蛋白，在体内可和病原体（抗原）产生免疫反应，从而使机体受细菌和病毒侵害的危险得到避免，机体的抵抗力因而会得到提高。

③调节身体功能。酶（体内新陈代谢中起催化作用各种激素）以及抗体（有免疫功能）都是由蛋白质构成的。此外，维持体内酸碱平衡和水分的正常分布中，蛋白质发挥的作用也很重要。

2. 蛋白质的食物来源

蛋白质的食物来源，一般分成四大类，第一类是肉类，包括鱼类，鸟类，各种动物的肉都叫动物类蛋白。第二类是奶类制品，如动物的乳汁，包括牛，羊，骆驼等。第三类是蛋类产品，包括鸡蛋，鸭蛋，鹅蛋等卵生的。第四类是植物类的大豆制品。概括来说是三个动物蛋白，和一个植物蛋白就构成了我们人类生活所必需的优质蛋白。优质蛋白一般是指食物里面所含的氨基酸的模式和我们人体自己本身固有的氨基酸的血浆的模式接近，优质蛋白被人体吸收以后，更容易构成我们身体的组织。蛋、奶、鱼、瘦肉等动物性食物和谷类，豆类等植物性食物是蛋白质的主要食物来源。动物性食物中富含大量蛋白质，且质量好。植物性食物中，中国以谷类食物为主，中国人民补充蛋白质主要就是从谷类食物中实现的。大豆则含有丰富的蛋白质，且质量也很高。植物性蛋白对心血管疾病有一定的帮助。蛋白质在蔬菜水果中的含量一般较少。

优质蛋白质食物表

食物名称	蛋白质含量 g/100g	食物名称	蛋白质含量 /100g
大豆	30g-40g	口蘑	38.7g
瘦精肉	20.7g	毛豆	13.1g
瘦羊肉	20.5g	黄花菜	19.4g
瘦牛肉	22.6g	大蒜	5.2g
鸭肉	15.5g	冬笋	4.1g

食物名称	蛋白质含量 g/100g	食物名称	蛋白质含量 /100g
鸡肉	20.3g	菠菜	2.6g
虾类	16～23g	荠菜	2.9g
鱼肉	15～22g	西蓝花	3.5g
牛奶	3.3g	甘蓝	3.5g
鸡蛋	13.1g	红薯叶	3.1g

（六）矿物质

人体组织中除碳、氢、氧、氮等主要元素以有机化合物的形式出现外，其余各种元素统称为矿物质（无机盐）。人体的健康与无机盐关系密切，对于青少年而言更是如此。青少年骨骼快速发育，肌肉组织细胞数目不断增加，所以对无机盐的需求也会不断增长。下面对常见的几种矿物质元素进行阐述。

1. 碘

体内合成甲状腺激素中会用到碘，人体从食物中所摄取的碘，主要为甲状腺所利用。青少年因为身体发育快，甲状腺机能在不断加强，所以对碘有更多的需求。海带、海白菜、紫菜、海鱼、虾、蟹、贝类等食物含碘量较高。

2. 钙

促进骨骼和牙齿的生长发育、维护正常的组织兴奋性，特别是神经肌肉的兴奋性是钙的主要营养价值表现。此外，钙的生理调节功能也很突出。补钙的食物主要有虾皮、鸭蛋、鸡蛋、绿叶菜、奶和奶制品等。

3. 铁

铁是构成血红蛋白的重要成分，女性月经期间需要补充大量的铁元素。缺铁情况下，机体中血红蛋白含量会减少，缺铁性贫血现象就会出现，如烦躁、食欲减退、乏力、头晕、面色苍白、眼花、免疫功能降低等。大量出汗会流失大量的铁，因此在夏季进行乒乓球运动训练时，运动员要注意多补充铁。补充时，应以动物性食物为主，因为该类食物中的铁吸收好，利用率高。动物肝脏、动物全血、肉类、鱼类等食物含铁较多。黑木耳、海带，菠菜，韭菜等也含有较多的铁元素。

二、乒乓球运动员的营养消耗

（一）水的消耗

在进行乒乓球运动时，运动员机体内水的消耗主要是通过出汗体现的。长时间参与乒乓球运动会导致机体排出大量的汗。另外，运动员的出汗量与气温、热辐射强度、气压、温度、单位时间运动量及饮食中的含盐量等因素有密切的关系。

（二）糖的消耗

在进行乒乓球运动时，糖类是热能的一个重要来源，其在人体日常以及进行乒乓球运动时的利用程度对运动员的耐久力水平具有直接的决定作用。如果利用程度高，运动员可顺利完成规定的运动强度，获得预期的运动效果。糖类消化起来很容易，不会消耗大量的氧，体内糖类代谢的主要产物以水和二氧化碳为主，在进行乒乓球运动过程时这些产物随时会被排出，如果补充不及时，就会造成供需脱节的现象。如果运动员在没有及时补充的情况下继续进行训练，只能利用体内贮备的糖原来满足机体对糖类的需要，从而使体内糖原枯竭，给运动员的生命造成严重威胁。

（三）脂肪的消耗

在进行乒乓球运动过程时，机体所需热能的主要来源之一就是脂肪。运动员在乒乓球运动过程中对脂肪的利用程度会有显著的提高，特别是在寒冷的条件下进行训练时，运动员体内会消耗大量的脂肪。

（四）维生素的消耗

乒乓球运动员在训练过程中体内物质代谢的过程会加快，因而对维生素会有大量的需求。运动员的运动量、机能状态和营养水平等都会影响其对维生素的需求量。长时间进行乒乓球训练可使维生素缺乏症提前发生或症状加重，运动员缺乏维生素时，耐受力就会降低，因此在训练过程中要特别重视对维生素的补充。

（五）蛋白质的消耗

在乒乓球运动员进行训练的过程中，器官会变大，酶活性会提高，激素调节也会变得活跃。这将导致体内蛋白质的分解和合成代谢增加，同时消耗的蛋白质也会增加。由于蛋白质食物的动力作用强，过多的蛋白质能使得机体的代谢率提高，从而增加水分的需求量。因此，乒乓球运动员在训练中不应补充过多的蛋白质。

（六）矿物质的消耗

运动过程中，体内矿物质和微量元素的代谢发生变化的可能性都存在。运动量大时，尿中钾、磷和氯化钠排出量会减少，但会增加钙的排出量。如果运动员适应了本次训练的运动负荷，那么就会降低体内矿物质的变动。

三、运动员的营养补充

（一）营养补充的原则

乒乓球运动员每天会消耗3000～6000千卡的热量，因此，对于运动员而言，补充营养很有必要。参与乒乓球运动会使人体能量消耗增加，因此运动员要全面合理地进行营养补充，这样才能继续在训练与比赛中发挥自身的实力。

乒乓球运动员的营养补充需要遵循如下几个原则：

①注意对体内需求量高的营养素进行补充，如蛋白质、碳水化合物、维生素、矿物质等。

②乒乓球运动员补充营养素要注意比例问题，一般来说，补充碳水化合物、蛋白质、脂肪时，按照4：1：1的比例比较适合。

根据运动强度与训练内容的不同，可适当调整这个比例。

③长时间参加乒乓球运动训练，注意多补充水分和能量物质。

④饮水和进食时间要合理安排好。

⑤补充对提高抗过氧化物和增强免疫力有效的营养品。

⑥运动后对于能够促进恢复的营养品应及时补充。

（二）营养补充的方法

1.水的补充

（1）运动前补水

乒乓球运动员在参加训练活动前，需补充含一定电解质和糖的饮料，应根据具体情况来决定补充量。一般在运动前 2 小时饮用含电解质和糖的运动饮料的量为 400～600 毫升。注意补充时要少量多次，每次补充饮料量以 100～200 毫升为宜。短时间内大量饮水可能会造成恶心和多次排尿现象，这会影响训练或比赛效果。

（2）运动中补水

乒乓球运动训练中，运动员大量出汗，为预防脱水，在运动中补液非常必要。运动中补液以少量多次为基本准则，每隔 15～20 分钟补充 150～300 毫升含糖和电解质的运动饮料较为适宜。每小时补液的总量要控制在 800 毫升之内。

（3）运动后补水

运动后补水也就是所谓的"复水"。乒乓球运动训练中，运动员补充的液体量往往比体内消耗的水分少，所以要注意在运动后及时补液。暴饮是运动后补液的最大忌讳，含有糖和电解质的运动饮料仍是运动后补液的首选。液体中钠含量也会影响补液量。如果液体中钠浓度高，运动员在补充后就不会大量排尿。钠离子在体内能留住水分，可以帮助体液的恢复，因此对于钠浓度高的饮料，可适当减少补充量。运动后补充含糖和电解质的饮料时，注意含糖量以 5%～10% 为宜，钠盐含量以 30～40 摩尔 / 毫升为宜。

2. 糖的补充

乒乓球运动员在训练过程中应以运动需要和机体状态为依据来合理补糖。具体方法如下：

（1）运动前补糖

参与乒乓球运动训练前几天可增加对糖类食物的补充，运动前 1～4 小时每千克体重适宜补充 1～5 克的糖，帮助大脑迅速供能。运动前 30～90 分钟尽量避免补糖，否则运动中会引起血中胰岛素升高的现象发生。

（2）运动中补糖

乒乓球运动员在训练过程中每隔 20 分钟左右需补充含糖饮料或好吸收的含糖类食物，每小时的补糖量控制在 20～60 克，少量多次是运动员补充含糖饮料的首要原则。

（3）运动后补糖

运动后 6 小时以内，肌肉中糖原合成酶活性高，可有效地促进糖原的合成，因此在长时间的训练后，乒乓球运动员补糖的时间越早就越能取得良好的效果。运动后即刻补糖、运动后 2 小时内补糖、每隔 1～2 小时连续补糖都是合理的补糖方法。运动后每千克体重适宜的补糖量为 0.75～1 克。

3. 维生素的补充

长时间的乒乓球训练后，水溶性维生素就会通过排汗、排尿大量丢失，维生素 C 的排泄量很大。此外，训练过程中线粒体的数量和体积都会增大，酶和功能蛋白质数量会增多，参与这些物质更新的维生素的需要量也在不断增加。乒乓球运动员长时间进行训练，机体能量消耗大量增加，物质能量代谢过程则会加速，同时各组织的更新也会加快，因为会增加维生素的消耗与利用。对此，乒乓球运动员要对维生素进行及时且充分的补充。乒乓球运动员对各种维生素元素的补充应结合具体的运动强度、运动时间等来有针对性地安排。不同维生素的补充方法具体如下。

（1）维生素 A 的补充

作为眼视网膜中视紫质的原料之一，维生素 A 能够防止角膜上皮角质化。因此，乒乓球运动员为了在训练中准确判断来球路线，需对维生素 A 进行充分的补充。

（2）维生素 B1 的补充

维生素 B1 是糖代谢中丙酮酸等氧化脱羧所必需的辅酶的组成成分，并密切关系着神经递质乙酰胆碱的合成与分解。如果缺乏维生素 B1，运动后的丙酮酸及乳酸堆积，机体就容易疲劳，乳酸脱氢酶活力会因此而减低，心脏和骨骼肌的功能就会受到影响，因此，乒乓球运动员要注意在训练过程中及时补充维生素 B1。

（3）维生素 B2 的补充

体内多种呼吸酶的构成辅酶中，维生素 B2 是重要的成分，体内的氧化还原反应和细胞呼吸都与维生素 B2 有关。如果乒乓球运动员缺乏维生素 B2，肌肉就会变得无力，耐久力会下降，疲劳短时间就会出现，所以要注意及时补充维生素 B2。

（4）维生素 B12 的补充

维生素 B12 是一组合钴的钴胺素生理活性物质，参与同型半胱氨酸甲基化转变为蛋氨酸和甲基丙氨酸—琥珀酸异构化过程。在细胞的核酸代谢中，维生素 B12 参与其中，而且机体的造血过程也与维生素 B12 有关。当乒乓球运动员缺乏维生素 B12 时，血红蛋白浓度下降、细胞的平均容量增加，巨幼红细胞贫血现象就有可能出现，因而氧的运输能力就会下降，最大有氧能力和亚极量运动能力都会受到影响，还有可能引起神经系统损害。对此，乒乓球运动员要注意多补充维生素 B12。

（5）维生素 C 的补充

乒乓球运动员在参与训练的过程中，机体的维生素 C 代谢不断加强，运动后血液维生素 C 的含量短时间内就有升高的迹象，但长时间运动后血液维生素 C 的含量会下降。在不同运动负荷的训练中，不论血中维生素量如何变化，组织维生素 C 都会有减少的迹象。当运动中机体内维生素 C 含量不足时，白细胞的吞噬功能就会受到影响。乒乓球运动员长时间参与运动训练，血液维生素 C 的含量和白细胞吞噬功能都会有所下降。因此，为了保持耐力水平，避免疲劳的出现，乒乓球运动员应注意合理补充维生素 C。

（6）维生素 E 的补充

维生素 E 具有抗氧化作用，有促进蛋白质的合成和防止肌肉萎缩等生物学作用，可促进运动员力量素质的提高。因此，乒乓球运动员在运动前和运动过程中应注意对维生素 E 的补充。

4. 蛋白质的补充

乒乓球比赛后，尤其是力量训练结束后，需要补充高蛋白的食物，来增加肌肉力量，提高免疫力，预防肌肉损伤。

乒乓球运动员每日每千克体重的蛋白质需要量是 1～1.8 克／千克。随着运动员运动水平的提高，机体对蛋白质的需求量就会进一步增加。连续数天参与大负荷的乒乓球训练时，运动员每日每千克体重补充蛋白质的量也适当增加，如果身体仍出现负氮平衡现象，说明体内蛋白质的分解要比补充的量多。为了使身体保持正氮平衡状态，运动员要根据具体情况适当增加蛋白质的补充量。长时间参与乒乓球运动训练的运动员应选择优质蛋白的食物以满足机体对蛋白质的需要。

5. 矿物质的补充

（1）铜的补充

铜是超氧化物歧化酶（SOD）等金属酶的辅助因子，多种代谢反应都离不开铜的参与。乒乓球运动中运动员补充铜可加快体内铁的运输，防止运动性贫血现象的发生。

（2）钾的补充

充足的钾有利于降低神经肌肉的紧张度，增强肌肉耐力，让运动更持久。一般成人体内有 117 克左右的钾。正常情况下，细胞内液中储存了大部分的钾，细胞外液中储存的钾只占到 2%。当血钾浓度降低时，脑垂体生长素输出下降，肌肉生长就会随之而减慢。乒乓球运动员一般在训练和比赛间歇时，会选择吃根香蕉进行钾的补充。

（3）铁的补充

正常成人体内含铁量一般为 3.5～4 克。乒乓球运动员参加长时间的运动训练时，铁丢失严重，机体对铁的需求量不断增加，再加上补充量不足，因而铁营养状况不良现象普遍存在。因此，运动员在膳食安排中应加强补充铁营养。

（4）锌的补充

乒乓球运动员的运动能力与锌有着非常密切的关系，锌也是多种酶的组成成分和激活剂，能对体内各种代谢进行调节。人体中红细胞的含锌量约为血浆的 10 倍，碳酸酐酶和其他含锌金属酶类是锌元素在人体内的主要存在形式。另外，锌还可以对睾酮的产生和运输产生影响。鉴于锌的重要性，乒乓球运动员要注意在运动训练过程中对该矿物质元素的补充。

（5）硒的补充

硒与乒乓球运动员运动能力之间的关系也很密切。硒是谷胱甘肽过氧化物酶的辅助因子，具有消除过氧化物、增强维生素 E 的抗氧化能力等作用，在进行长时间大负荷的乒乓球训练时，运动员摄入硒的总量应较平时有所增加，每天补充 200 微克比较合理。

第二节　乒乓球运动的伤病指导

很多人认为乒乓球是一项不容易受伤的运动项目，原因是乒乓球是一项隔网运动，主要是没有身体接触，看起来没有那么激烈，但是实则不然。乒乓球对人体造成的损伤还是会经常发生的，主要包括关节和肌肉两方面，最常见的是小腿肌肉的拉伤和膝关节的损伤，腕关节的损伤，肩关节的损伤，肘关节的损伤等。由于乒乓球是一项全身性的运动项目，那么我们应该如何远离乒乓球运动带来的损伤呢？我们应该注意哪些要点呢？本节主要从以下两个方面进行研究：乒乓球运动的损伤处理，乒乓球运动的疾病处理，旨在为运动员参与乒乓球运动训练、比赛等实践活动提供科学的指导与安全保障，进而保障运动员的训练质量和比赛优异成果的获得。

一、乒乓球运动的损伤处理

（一）运动损伤的基础知识

1.损伤及运动损伤的概念

受外界不同因素的影响而带来的人体皮肉、筋骨、脏腑等组织的破坏，以及由此而造成的局部和全身的后果就是损伤。损伤较轻，则会对日常工作和生活造成影响，损伤严重，则会危及生命安全。体育运动过程中所发生的各种损伤即运动损伤。

2.运动损伤的类别

按运动损伤的组织结构分类，可分为以下两类：

（1）骨骼损伤

肩关节、肘关节脱位是常见的骨骼损伤，一般出现这种伤病是由双方身体猛烈碰撞或剧烈撞击物体所造成，但由于乒乓球是隔网运动，出现这种损伤的概率相对较小。

（2）软组织损伤

肌腱扭伤、肌肉拉伤、断裂伤等是常见的软组织损伤，这在乒乓球运动中是比较常见的。

3.关节与韧带损伤

关节与韧带损伤有急性和慢性之分，乒乓球运动中比较常见的是膝、踝损伤，肱骨外上髁炎等慢性关节与韧带损伤。

（1）按损伤程度分类

①轻度损伤。轻度损伤中常见的是扭伤，运动员发生轻度损伤后仍有活动能力，可以继续参加训练。

②中度损伤。肌肉、肌腱拉伤等是常见的中度损伤，运动员在受伤短时间内（1～2个月）不能按计划参加锻炼，需要接受治疗，患部练习或患部活动应暂时停止或减少。

③重度损伤。各部位的骨折、关节脱位、肌腱完全断裂等属于重度损伤，运动员发生重度损伤后较长一段时间内不能参加训练和比赛活动。

（2）按损伤病程分类

①慢性损伤。劳损和肌肉损伤属于慢性损伤。慢性损伤在乒乓球运动中较为常见。组织变性、增生，粘连是慢性损伤的主要病理变化，而且没有明显的体征表现，这类损伤具有反复发生与多变的特点。慢性损伤发生的原因一般为以下两点：

第一，伤后没有及时进行治疗，处理急性损伤的方法不当，伤病未愈。

第二，没有合理安排准备活动，局部练习过度或局部负担量过大，伤病逐渐积累而形成慢性损伤。

②急性损伤。一次性或一瞬间的直接或间接暴力所致的损伤就是急性损伤。腕关节扭伤，膝踝韧带的扭伤、断裂，肩部、腰部肌肉的拉伤等属于急性损伤。这类损伤发病急，一般在受伤的时刻或短时间内表现出来，渗出，肿胀是主要的病理变化，该类损伤有比较明显的体征表现。伤者一般可以将受伤过程与原因清楚地表明。

（二）乒乓球运动中损伤的产生原因

1.准备活动不恰当

准备活动就是要把神经系统调动到积极的准备状态，神经系统要变得协调、迅速。身体方面的肌肉，关节，组织韧带等传动链都要活动开。

（1）准备活动不充分

乒乓球运动员如果没有做好充分的准备活动，没有充分调动起神经系统和内脏器官，就会导致微循环状态不良，某些肌肉生理机能尚未达到适应运动所需要的状态，肌肉弹性和力量较差，组织韧带没有得到适当拉伸，不能很好地发挥力量，也难以保持动作的协调，这就很容易受伤。

（2）准备活动内容不当

准备活动内容不当，或与乒乓球训练的基本内容没有紧密地结合，或专项准备活动较为缺乏等都是引起运动损伤的主要原因。由于没有合理安排准备活动的内容，但运动中负担较重部位的机能需要得到充分的发挥，所以容易受伤。

（3）准备活动时间不当

准备活动的时间建议5～10分钟，热身的目的是提高心率，提高呼吸频率，使肌肉发热，让身体做好运动准备状态。准备活动时间与正式训练或比赛之间间隔的时间过长也容易引起运动损伤。提前很长时间做好准备活动后，正式训练或比赛时，准备活动的作用已不存在。

（4）准备活动量过大

准备活动的运动量较大会很容易使机体产生疲劳状态，当正式进入训练或比赛时，身体机能就难以保持良好的状态，并且会下降，造成动作不规范，身体状态难以支撑下去，因而造成运动损伤现象的发生。

2.身体机能不佳

运动员经过过度训练后，还未完全消除疲劳或伤病后就过早地参与训练与比赛，这时其生理机能水平较低，动作的协调性较差，注意力难以集中，机体反应能力较慢或心情处于紧张状态，在这些原因的影响下会导致旧伤加重、新伤产生。

3. 违背训练原则

乒乓球运动员参与训练应严格遵守训练原则，有节奏且系统地进行训练。如果违背循序渐进训练原则与系统训练原则，急于求成，一味追求难度动作，动作就容易出现错误，因而可能造成损伤。尤其是在疲劳或有伤病的情况下过早进行训练与比赛，会使疲劳与伤病进一步加重。

4. 训练内容不全面或技术水平有限

乒乓球运动员的训练实践活动一般包括身体练习、技术练习和战术练习。如果这些练习内容的安排不全面，就很容易发生外伤或使外伤加重。运动员身体素质差，技术练习少，错误的技术动作，不熟练或有错误等也是引起运动损伤的主要原因。在训练或比赛中，动作的不规范，动作过猛或粗暴，注意力不集中等也会对运动员造成损伤。

5. 其他原因

①场地和设备的不规范，过硬的水泥地，光线差，气温高或低，湿度太大等因素容易引起运动损伤。

②没有充分认识到预防运动创伤的重要性，不考虑自己的主观条件，一时冲动，盲目进行运动训练。对运动损伤的相关知识掌握少，对练习后的放松活动不注意等也可能引起运动损伤。

③衣着方面过紧或过松。

④没有穿舒适运动鞋。

（三）乒乓球运动中损伤的处理时期

软组织的损伤是乒乓球运动中常见的运动损伤，按损伤不同的病理过程进行处理是这类损伤的基本治疗原则。正确的诊断是合理处理的基础。在刚发生损伤时，第一步要制动，限制运动，避免加重损伤。第二步冰敷，较少肿胀的发生。伤部还未有完全肿胀，而且因为反射性的肌肉松弛与感觉神经的传导暂停，疼痛感不明显，因此容易忽略检查。一旦肿胀明显，疼痛感变强，或有肌肉痉挛发生，则很难检查。所以发生运动损伤后应及时进行检查，以确保诊断的准确性。根据

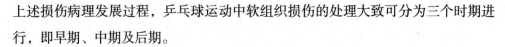

上述损伤病理发展过程，乒乓球运动中软组织损伤的处理大致可分为三个时期进行，即早期、中期及后期。

1. 早期

发生损伤后的 2～3 天，是急性炎症期，主要症状有组织出血，局部肿胀、热痛，功能障碍（活动受限），淤积凝结等，多数表现为疼痛剧烈。制动、止血、防肿、镇痛和减轻炎症是这一时期的处理原则。根据具体情况可选用下述一种或几种方法进行治疗：

（1）按摩

较轻的按摩对于治疗轻伤有疗效，按摩的同时，再配合一些舒筋活血药物，则治疗效果更佳。如果是重伤，不宜在损伤后即刻就进行按摩处理，否则会使伤处出血和组织液渗出的现象更加严重，从而加重肿胀程度，甚至会造成继发性出血。但在远离伤部的上下部位或伤部周围进行按摩（如使用按摩、点穴、揉捏等手法），可消退肿胀，减轻疼痛。

（2）冷敷、包扎

采取冷敷、包扎方法进行治疗的时间越早越好，能够起到明显的制动、止血、防肿、镇痛等效果。通常先在伤处进行冷敷，然后再加压包扎，包扎后对包扎部位的情况要时刻注意，适度调整包扎的松紧度。24 小时后才可以拆除加压包扎，再根据实际情况进行下一步的治疗。

（3）药物

用一些创伤药来外敷伤口，能够起到消肿止痛、减轻急性炎症的作用。

2. 中期

受伤 3～4 天后，基本停止出血，瘀血渐化，肿胀开始消退，急性炎症也逐渐消退，但瘀血和肿胀症状还是存在，肉芽组织形成并开始吸收，组织处于修复状态。中期对损伤的处理原则主要是对伤部的淋巴和血液循环进行改善，加快组织新陈代谢，使瘀血与渗出液迅速吸收，促进组织的再生修复，使粘连形成现象得到避免，瘀斑转变为青紫，皮肤温热，疼痛逐渐减轻。热敷、按摩、拔罐、药物等都是可采用的治疗方法，结合红外线超声波等物理治疗效果更佳。同时注意以伤情为依据逐步进行功能锻炼，使粘连形成得到防止。

3. 后期

后期，两周后，运动损伤基本修复，淤肿大部分消退，瘀斑转变为黄褐色，但尚未恢复损伤部位的功能，运动时仍有疼痛感，但不是很明显，酸软无力，功能性轻度障碍。此种残余症状，需要经过3~5周后才能消失，功能才能恢复。所以软组织的损伤，不可在疼痛缓解后过早地运动和负重。增强和恢复肌肉、关节的功能是这一时期的处理原则。按摩、理疗和功能锻炼是主要的治疗方法，适当与药物治疗相配合效果更佳。药物治疗时，可外敷伤口，也可用一些洗药进行熏洗。

需要注意的是，对于比较严重的软组织损伤，用上述三期辩证进行施治比较适宜。如果损伤较轻，病程短，恢复快，则可合并中后两期进行治疗，兼顾活血生新与功能恢复一起进行处理。

（四）乒乓球运动中常见的损伤处理

1. 三角纤维软骨盘损伤处理

三角纤维软骨盘是紧密连接桡尺骨远端的主要结构，在乒乓球运动中，该损伤的发生率比较高。

（1）病因

在乒乓球运动中，由慢性损伤或劳损而造成的腕部三角纤维软骨盘损伤经常发生。这一损伤发生的主要原因是运动中前臂和腕部反复旋转，且负荷过大，长期碾磨或牵扯到了软骨盘，而且桡尺远侧关节受到过度的剪力作用，没有做好充分的准备活动，握拍或推挡技术不准确，指腕关节柔韧性较差等也是造成损伤发生的主要原因。在乒乓球运动过程中，握拍手的腕部在完成各种推挡球技术动作时，往往需要处在一定力学作用的状态下，因而很容易造成三角纤维软骨和桡尺远侧关节损伤。

（2）症状与诊断

发生损伤后，腕关节桡尺侧或腕关节内有疼痛感，腕部软弱无力，当旋转前臂或腕部时，疼痛更严重。检查过程中，发现腕部肿胀，桡尺远侧关节背侧间隙部与尺骨茎突远方的关节间隙处为主要的压痛点，当腕关节背伸尺侧倾斜受压时，即会有疼痛感。有些伤者的桡尺远侧关节发生松弛或半脱位、脱位后，其尺骨小头在腕背部明显隆起，推之则发现明显扩大了活动范围，按之可恢复正常，不按则又会隆起，握力能力会因此随之减退。

（3）处理与恢复练习

要对新的损伤及时治疗，应使腕部运动暂停或对其进行控制。如果患者的尺骨小头向背侧隆起，那么需要通过压垫加压全扎来进行固定。

在伤后康复训练中应注意：急性伤者暂时要停止腕部的活动，腕部旋转活动暂时不可做，待损伤组织修复且愈合后才可适当活动腕部。一般损伤组织修复需要3～4周。腕关节屈伸和支撑动作时如果没有疼痛感，腕与前臂的旋转活动可适当加到练习中，一定要注意对保护支持带的佩戴。慢性伤者参与康复训练时，也要佩戴保护带，从而限制腕关节背伸和旋转活动，防止再次发生损伤。

（4）预防

对腕部的局部负荷进行合理安排，前臂与手腕的力量和柔韧练习要不断加强，佩戴护腕，局部的准备活动要做充分，对握拍和推挡球技术进行改进。

2. 肩袖损伤处理

乒乓球运动中，肩部软组织损伤很容易发生，最常见的损伤之一就是肩袖损伤。

（1）病因

有些运动员是因一次急性损伤而引起的肩袖损伤，之后因为没有及时、合理、彻底地处理而继续受损，以致慢性损伤逐步形成；有些运动员没有明显外伤史，主要是因为局部负荷过大，多次反复磨研或牵扯肩袖肌腱，使其微细损伤逐渐劳损和退行性变而引起肩袖损伤。此外，准备活动不充分，技术动作错误与不规范，肩部肌肉力量弱，肩关节柔韧素质水平较低等因素也可导致肩袖损伤的发生。

（2）症状与诊断

①肩痛。肩痛症状多表现为肩外侧痛，肩关节外展或同时伴有内外旋时一般会有疼痛感。

②痛弧。以 10°～120° 的弧度向外展肩关节，会出现疼痛，弧度超越 120°，疼痛感消失。肩部放下到小于 120° 的位置时，又会感到疼痛。

③肿胀。急性患者出现局部肿胀症状。

④压痛。肩峰下肱骨大结节处有压痛。

⑤外展和外旋抗阻力试验。呈阳性。

（3）处理与恢复练习

如果是急性伤者，应将上臂外展 30°，在这个位置下固定上臂，使其得到休息。如果运动员出现急性损伤或慢性损伤急性发作，需要适当的休息，肩部超范围的急剧转动活动与专项技术练习都应该暂停。等度过急性期后，肩关节开始进行绕环与旋转活动。

在伤后训练过程中，应该先进行上肢下垂放松位的练习，然后进行肩的抬举角度逐渐增加的练习，肩部基本没有疼痛感后，负重练习和专门练习也可逐步进行。对于慢性病者而言，肩部的各方位活动都可做，但需要注意对于可能引起疼痛或使损伤加重的动作要避免做。在过渡到专项练习时，先以难度和强度较低的动作为主进行练习，或转变练习方法，对专项练习中局部的负荷量严格加以控制。另外，在伤后的训练与康复过程中，要注意肩带小肌肉群的力量素质和柔韧性训练的不断加强，上肢外展 80°～90° 的屈轴静力负重练习是这一训练过程中经常采取的手段。

（4）预防

准备活动要做充分；肩部肌肉力量和肩关节柔韧性的训练要不断加强，对肩部小肌肉群的练习要特别重视；对局部负担量进行合理安排等。为促进肩部肌力的增加，上肢外展 80°～90° 的屈肘负重静力练习是较为有效的练习手段。因人来调节训练负荷重量，一般从小到大逐渐增加。

3. 髌骨劳损处理

髌骨劳损是膝关节部最为常见的损伤之一，乒乓球运动员在运动训练中发生膝关节损伤，大部分都是髌骨劳损，此伤会严重影响运动员的健康与训练。

（1）病因

一次性的膝部损伤，如受到猛烈撞击（摔倒、膝跪地等）或膝关节扭伤等可引起髌骨劳损。除此之外，因膝关节在半蹲位状态下活动过多，负荷过大，而使髌骨关节软骨面受到超量负荷、反复摩擦、细微损伤而导致的髌骨劳损最为常见。训练不合理，膝关节半蹲位姿势的训练过多或过于集中，伤病康复后突然进行大负荷的膝关节活动或专项练习等是导致膝关节损伤的主要原因。另外，准备活动不到位、膝关节附近的肌肉力量弱小、日常生活中对保护膝关节不重视等，更容易导致此类损伤发生。

（2）症状与诊断

膝关节无力、发软、疼痛是髌骨劳损的主要症状，检查时髌骨边缘指压痛，髌骨压迫痛，伸膝抗阻痛，有些髌骨劳损患者可能在髌骨摩擦试验中呈阳性。

（3）处理与恢复练习

对进行采用练治结合的康复措施。物理疗法、外敷中草药、按摩与针灸（下肢和膝关节周围）是常用的治疗手段。如果有必要，可将肾上腺皮质激素类药物注射在关节腔内或痛点处，但应慎重注射。

乒乓球运动员一旦发生髌骨劳损后，就以具体伤情为依据来对伤后练习进行合理安排，治练结合是最重要的练习方针。具体方法如下：

如果是轻伤，有膝无力、酸痛等症状，可进行一定强度的膝功能训练，对负荷较大的膝关节专项练习应进行适量的调整。

如果是中等伤，有半蹲时感觉疼，活动开后疼痛减轻，练习后疼痛加重，休息后疼痛又减轻的症状特征，面对这种情况，在避免髌骨损伤加重的前提下，进行静蹲、跳绳等中等强度的膝部功能锻炼。对于膝关节负荷较大的练习尽量不要做。训练要与积极治疗相结合进行。

如果是重等伤，有活动时膝痛明显，甚至走路都痛的症状，对此，膝部专项练习应完全停止。此时应将积极治疗与膝关节功能锻炼结合起来进行处理，如进行静力半蹲或"站桩"练习，练习时间长短根据伤情来定，练习时间与负荷随着伤情变化而变化，练习最后需进行放松整理活动。

（4）预防

①充分做好膝关节的准备活动。

②对练习内容进行多样化的安排，避免膝关节过度疲劳。

③训练结束后充分放松，进行自我按摩，加强自我保护。

④多锻炼膝关节周围的肌肉。

4.踝关节损伤处理

（1）病因

当乒乓球运动员在训练中需不停地左右跨步移动，脚着地时，身体重心不稳或不平衡，足的前外侧总是先着地。

（2）症状与诊断

脚踝是由内侧的胫骨和外侧的腓骨构成，在外侧的腓骨尖上皮下有一个鼓起的骨骼，这个骨骼的前方如果受伤了，会出现一个淤青，肿胀，而且局部按压会有比较疼的感觉，说明这个地方很有可能出现了损伤。有踝关节急性扭伤史的乒乓球运动员在伤后踝关节外侧会有明显的剧烈的疼痛感，而且活动受到很大限制，走路时跛行或完全不能行走。检查可发现伤处肿胀。如果是轻伤，足部没有明显的畸形，如果是重伤，足内翻畸形较为明显。一般在 12 小时后有皮下瘀斑症状。损伤部位有压痛点，如果内翻踝关节，会加重疼痛。踝关节稳定性不佳，如果活动异常，说明韧带也已断裂。

（3）处理与恢复练习

踝关节的损伤处理原则。

第一，需要休息。

第二，要冷敷。

第三，抬高消肿。

第四，加压包扎和弹力绷带。

受伤后立即冷敷患处，然后用新伤药来外敷，用弹力绷带包扎固定患处，并抬高患处，这样能够在早期使患者的疼痛和肿胀得到局部的控制，还要让患处得到积极的休息。包扎时要对绷带的方向多加注意，保持受伤韧带的相对松弛。伤后 24 小时后，可采用物理手段进行治疗，配合针灸、按摩效果更佳。注意不可用重手法进行按摩，以免刺激伤处。然后，需要尽早去医院就诊，看一下 X 光片，是否有骨折现象的发生，再看一下 B 超，是否有韧带方面的损伤，这样就能够得到一个正确的治疗。

对于简单的踝关节扭伤，一旦急性症状不明显，患者可在保护带的固定下行走。大约过两星期后，可做踝关节抗阻力活动等促进肌肉力量和协调性提高的专门练习，也可在松软的地上进行跑、跳等慢动作练习。如果患者踝关节松动不稳，要特别注意锻炼踝和足部的肌肉力量训练，还要对踝部的训练量进行控制。下面有几个自我锻炼的方法可以促进踝关节的康复：

①滚酒瓶子。将一个酒瓶子放在地上，受伤脚踩上去，来回滚动。锻炼踝关节的一些屈伸运动。

②长毛巾或比较长的橡皮条。将毛巾折好后，放在受伤脚的足底。两手相对，受伤脚做屈伸运动、内翻运动和外翻运动。锻炼足底的肌群。

③靠墙，做单腿的提踵运动。双手扶墙，非受伤脚抬起来，受伤脚做单腿提踵运动。锻炼跟腱和胫后肌腱的一些力量练习。

④勾脚。坐在椅子上，腿抬离地面，脚尖用力回勾至极限，停顿2秒后，慢慢放松。每只脚做30秒，然后换另一只脚做同样动作。

⑤绷脚。小腿后侧肌群发力，带动脚尖用力向下绷直，延展脚背，稍作停顿后慢慢还原。每只脚做30秒，然后换另一只脚做同样动作。

⑥脚踝外转。以脚跟为轴，脚掌稍微抬离地面向外旋转，停顿2秒后，慢慢还原，做这个运动一定要控制旋转的幅度和速度，若有疼痛感，请立刻减少幅度或者停止练习。每只脚做30秒，然后换另一只脚做同样动作。

⑦内转。以脚跟为轴，脚掌稍微抬离地面向内侧旋转，稍作停顿后放松还原，脚踝受伤后旋转幅度可能会受到影响，所以，患者要根据自身感受来做适当调整

⑧脚跟、脚尖交替上抬。坐在椅子上，双脚脚跟和脚尖依次上抬，脚跟达到最高点时，脚尖支撑地面，脚尖上勾至最大幅度时，脚跟接触地面，这个练习可以很好地加大脚踝活动范围，练习时，可逐步加大活动范围。

⑨站姿提踵。站在平整的地面，双脚分开与肩膀同宽，脚尖朝正前方，脚掌撑地，小腿后侧肌群发力，脚跟上抬至极限，尽量停顿，慢慢还原。

（4）预防

①要充分做好局部准备活动。

②加强锻炼小腿与足部肌肉。

③训练过程中注意对踝关节的加固。

二、乒乓球运动的疾病处理

（一）运动性疾病的概念与特点

1.运动性疾病的概念

运动性疾病指的是由于健身运动、运动训练或比赛安排不当而造成人体内环境紊乱的一类疾病或综合征。晕厥、运动性胃肠道综合征、运动性贫血、运动性血尿肌肉痉挛，运动中腹痛、运动性哮喘、运动性低血糖症等都是乒乓球运动训练中常见的运动性疾病。

2.运动性疾病的特点

①以运动过量为主要致病因素。

②随运动量增大病情逐渐加重，症状表现与常见内科疾病类似。

③减少或调整运动量是比较的疾病治疗方法。

（二）常见的治疗方法

乒乓球运动中，一般通过以下两种方法来对运动性疾病进行治疗：

1.病因治疗

对运动量，运动内容和方式进行调整，常能消除疾病症状，这对于患者而言是最关键的治疗措施。对于轻度过度训练的患者，采取减小训练强度或暂停专项训练与比赛的方法，可使其在短期内痊愈与康复。

2.对症治疗

用维生素、ATP，能量合剂、中药等药物进行对症治疗。

（三）常见疾病的治疗

1.肌肉痉挛

肌肉不自主地强直性收缩的现象就是肌肉痉挛，也就是通常所说的抽筋。参与乒乓球运动训练很容易引起肌肉痉挛。

（1）原因

大量出汗。长时间进行乒乓球运动训练，特别是在夏天，训练过程中运动员大量排汗，电解质从汗液中丢失，造成电解质浓度过低，肌肉兴奋性增高，从而造成肌肉痉挛的现象。

肌肉收缩失调。在乒乓球运动中，肌肉连续快速收缩，而肌肉放松时间相对较短，因此就会因肌肉收缩与放松的协调性紊乱而造成肌肉痉挛。

肌肉疲劳和损伤。乒乓球运动员在训练过程中，身体疲劳对肌肉的功能有直接的影响。尤其是局部肌肉疲劳或损伤后继续参加训练，或做一些突发性用力动作时，很容易引发肌肉痉挛。

（2）临床表现

抽筋部位的肌肉剧烈挛缩发硬，肢体僵硬，疼痛剧烈，发作后一般持续数秒，因而无法继续进行运动。

（3）治疗方法

轻度肌肉痉挛通常只要采用牵引痉挛肌肉的方法就可以得到有效的治疗。肌肉如果出现强直性收缩，就用手握住相应肢体，向肌肉收缩的反方向进行牵拉。注意牵引时缓慢采用均匀的力度比较适宜，如果力度过大，可能会引起肌肉拉伤。

（4）预防措施

首先，运动员平时要加强锻炼，促进自身耐寒能力的提高。

其次，运动前准备活动要做充分。运动前适当按摩运动中承受负荷大或易发生痉挛的肌肉。

再次，冬季参加户外训练要注意保暖。夏季长时间训练时要及时补充水分和维生素。

最后，切忌在饥饿、疲劳状态下继续参加训练。

2.过度紧张

过度紧张指的是乒乓球运动中，运动员体力负担超过机体能力而产生的病理状态。一般运动后即刻或短时间内就会出现该疾病。

（1）原因

运动员缺少训练和比赛经验，长时间中断训练、患病等都有可能造成过度紧张。训练过程中一旦运动负荷超过心脏负担，心肌就会出现缺血、缺氧、收缩力减弱的症状，此时心排血量明显降低，因而造成急性心功能不全，更有甚者可引发心肌梗死，对生命构成严重的威胁。脑缺血、缺氧也会导致脑血管痉挛发生。

（2）临床表现

①急性血管痉挛。乒乓球运动员在长时间的训练中如果情绪紧张，极度疲劳，机体状态不佳，可引发胃肠血管痉挛疾病，主要症状是恶心呕吐、腹部压痛。

②脑血管痉挛。运动后突然发生一侧肢体麻木，动作不灵活或麻痹，同时有头痛、恶心，呕吐等症状。

（3）治疗方法

当运动员在训练过程中出现头晕、心悸、恶心等症状时，需马上停止训练，平卧并松解衣领、裤袋，保持安静状态，同时注意保暖。救护人员点掐患者的内关、人中穴，必要时送往医院治疗。对于心功能不全的运动员，应使其保持半坐卧位的状态，必要时注射镇静剂。如果出现胃肠功能紊乱，大强度的训练都应暂停，补充易消化的食物。

（4）预防措施

首先，全面加强身体锻炼，按照科学的训练原则进行练习。注意循序渐进地安排训练量，运动前做好充分的准备活动等。对于训练水平或体能素质水平较低的运动员，要根据实际情况安排运动负荷，不可强迫其参与超负荷的训练。

其次，运动前进行体格检查。先做全面体检，患有急性疾病（如感冒、胃肠炎、扁桃体炎、高热等）、心血管功能不佳的运动员都不能参加大运动量的训练。

再次，训练与比赛过程中加强对乒乓球运动员的医务监督，以便及时治疗疾病。

最后，如果运动员长期中断训练，则在进行运动训练时，需合理安排运动量，循序渐进地增加运动负荷。

3. 运动性贫血

运动性贫血是指直接由运动造成的贫血，一般按内科临床诊断贫血标准来进行诊断，由运动相关原因而造成的男性血红蛋白＜ 120 克 / 升，女性＜ 105 克 / 升即可诊断为运动性贫血。

（1）原因

长时间的运动训练中机体能量大量消耗，如果没有及时补充，或摄入不足，则会出现贫血症状。

（2）临床表现

贫血是运动性贫血的主要症状，安静时心率加快，心尖区可听到收缩期吹风样杂音。具体有无力头晕、气喘易倦、心悸等症状。贫血患者通过血液检查，其红细胞和血红蛋白值都要比正常值低。

（3）治疗方法

在乒乓球运动训练过程中，如果男运动员血红蛋白＜100克/升、女运动员＜90克/升，应立即停止大运动量的训练。处理该现象时以治疗为主，可服用抗贫血药物和维生素C，也可采用中药人参，红枣白术，当归等中药疗法。

（4）预防措施

首先，对运动量和训练强度进行合理的安排，循序渐进地增加训练负荷，对运动员的训练要因人而异，区别对待。

其次，食物加工和膳食安排都要科学健康，运动员每天每千克体重至少要补充2克蛋白质。

最后，运动员要定期进行体检。

4.运动性腹痛

腹痛是乒乓球运动中常见的一种疾病。运动性腹痛指的是由运动引起或者诱发的腹部疼痛。运动中腹痛的程度与运动量、运动强度等有直接的关系。

（1）原因

首先，肝脾出血。乒乓球训练过程中，运动员没有做好准备活动，但运动强度在急速增加，此时运动员内脏器官没达到相应的水平，这就对静脉回流造成了影响，导致肝脾出血并引起腹痛。

其次，胃肠道功能紊乱。运动过程中运动员胃肠道血流量减少，再加上日常饮食不规范，从而使胃肠壁受到牵扯而引起疼痛。

再次，呼吸肌痉挛。运动员运动水平低，呼吸与动作节奏不平衡，运动强度增加，心肺功能无法适应肌肉工作的需要，从而引起呼吸肌痉挛、缺氧等现象，进而引发腹痛。

最后，如果运动员有阑尾炎、溃疡病、胆道感染、胸膜炎等腹部慢性病变，运动时病变部位因受到刺激而产生剧烈的疼痛。

（2）临床表现

安静时不痛，运动中或结束时腹痛。一般没有其他伴随症状。如果运动负荷小、强度低、速度慢，则不会有明显的腹痛感。

（3）治疗方法

乒乓球运动员在训练过程中出现腹痛，应立即降低运动强度，深呼吸，对呼吸及运动节奏进行调整；在疼痛部位用手按压，持续一会可减轻疼痛感。如仍无缓解效果，则停止训练活动。如果疾病诊断明确，可口服阿托品、普鲁苯辛等解痉药物。如仍无显著效果，则送医诊治。

（4）预防措施

首先，乒乓球运动员应在运动前做好充分的准备活动，合理安排训练内容和时间。

其次，训练中运动量的增加要从小到大逐步增加。运动员应加强体能训练，增强心肺机能，增强自身的适应能力。

最后，对进餐与运动的间隔时间要合理安排。

第三节　乒乓球运动的心理指导

一、心理训练的基础知识

（一）心理训练的概念理解

体育中的心理训练有广义和狭义两种理解。

1. 广义的理解

广义的理解是指在体育运动中，对学生或运动员进行有意识的影响，使其心理状态发生变化，达到适宜的程度，以满足提高运动技术水平和增强身心健康的需要。

2. 狭义的理解

狭义的理解是采用专门性的具体训练方法，改变学生的某一心理因素，以适应体育训练和比赛的需要。

在体育训练和比赛中，两种心理训练应是紧密结合、互相补充的，只有广义的心理训练，缺乏针对性和具体手段，不容易看到效果，不利于长久坚持；只进行狭义的心理训练，缺乏全面心理状态基础，不利于从根本上改善学生或运动员的心理状态。作为统一的心理训练概念，不应当人为地把两者割裂。

（二）心理训练的作用

1. 能够提高心理活动水平

身体素质、运动技术和心理素质（专项运动心理因素）是决定运动员训练和比赛成绩的三个不可分割的因素。其中，身体素质是保证体育运动质量的生理物质基础，运动技术是基本条件，而心理素质是使两者能够发挥作用的内部动力。

对于参加乒乓球训练的运动员来讲，心理因素是他们在训练和比赛中控制自己生理活动和技术动作的主要因素，心理活动水平低，就难以对生理活动和技术动作进行有效的控制。在这种情况下，尽管具有较好的身体素质和较高的技术水平，也不能使其充分发挥作用。甚至有时越是身体好、精力旺盛、技术水平较高的人，反而发挥失常，充足的生理活动能量会冲击心理状态，使其产生心理紧张，冲击肌肉动作，用力过大过猛，动作变形，从而造成比赛或训练的失误。为此，必须用心理训练的方法，提高心理活动的强度，使其达到能进行自我控制的水平。

2. 能够提高心理活动强度

在训练和比赛中，要求运动员具有一定的心理活动强度，若强度不足，则无法实现对身体素质和技术动作的主导作用。但是这种心理活动强度要适宜，因为运动技术动作的完成要求身心力量平衡，身心任何一方超过了极限，都会破坏身心平衡，导致局部甚至全部技术动作的变形，从而直接影响训练和比赛的效果。在训练过程中，教练应当帮助运动员进行赛前心理训练，使其心理活动适合自身的力量、训练和比赛的要求，始终维持身心力量的协调。只有通过心理训练手段，才能教会学生进行心理控制，这是心理训练的根本任务之一。

3. 能够消除心理障碍

体育心理训练的作用不限于对心理活动水平的调节，它还包括消除和医治某些以往形成的心理障碍的作用。在训练和比赛中，由于技术失常出现的比赛失败往往会造成心理上的障碍，如临场情绪过敏、心理性疲劳、动机不足、运动感觉迟钝等，这些心理障碍是由于运动挫折直接引起的心理伤害。对此，一般需要采用专门性心理恢复和治疗措施，不能用身体训练或技术训练的方法代替，也不能放弃治疗、单纯依靠自然恢复。心理障碍只能用心理学的方法去克服。

（三）心理训练的理论基础

1. 心理训练的气功基础

心理训练作为一门科学手段应用于体育运动是近年的事。但追溯心理训练的渊源，则是两千多年以前中国就有的类似心理训练的"气功"。利用气功训练的方法，达到养身的目的。

①气功的意守功要求"精神内守"就是不要胡思乱想，这就能达到对意识进行自我控制。运用这些手段，控制自己的注意力，使人养精蓄锐，恢复身心能量。

②气功的放松功，在心理训练中称为放松训练，使人的机体和心理活动都处于放松状态，使肌肉骨骼关节得到恢复。

③气功的调息功在心理训练中称为呼吸调节。由此可以说明，体育运动中的心理训练，与祖国的气功有着密切的血缘关系。

2. 心理训练的生物反馈基础

"生物反馈"又称"生物回授"。它是指有机体的一个系统输出的信息，又返回本系统，从而对本系统的机能产生增减作用。在心理训练中，借用生物反馈机制可以进行各种心理训练，所以，生物反馈学就是心理训练的理论依据之一。

（四）运动员的心理训练分类

1. 按照心理训练的内容与参加人员

按照心理训练内容和参加人员的不同进行分类，可分为体育教学、运动练习、运动比赛、心理障碍修复、体育教师和教练员的心理训练等。

2. 按照心理训练时间的长短

按照心理训练时期长短进行分类，可分为长期训练（又称一般心理训练）和短期训练（又称具体比赛心理训练）。

3. 按照心理训练的形式

按照心理训练形式进行分类，可分为有形心理训练和无形心理训练等。

4. 根据各运动专项的需要

根据各运动专项的需要，心理训练可组成各运动：专项需要的心理训练。

（五）心理训练的原则

心理训练不同于专项技术和身体素质训练，它有自己的特殊内容和手段。为此，在心理训练中除了必须遵循专项技术和身体训练的一般原则外，还必须遵循心理训练的不同原则。

1. 应当能够促进身心健康发展

心理训练是对运动员施加影响的训练，是直接转化人的"内心世界"的特殊教育过程，任何心理训练方法的使用，必须首先有利于运动员的身心健康发展，促进运动成绩的提高。大学生运动员是国家的宝贵财富，在他们身上进行心理训练时，必须采取极端负责的态度。训练前要仔细了解他们的心理状态，精心选择和运用训练手段，要耐心观察、记录和处理训练过程中的反应，以便及时巩固心理训练效果，防止副作用。

另外，事先必须对训练对象进行相关科学知识的教育，要有周密的计划和步骤，教师需要进行自我心理训练，应具有心理训练修养。

2. 必须自觉自愿进行

心理训练的主要任务是培养对心理状态的自我调节能力，心理训练采用的主要手段要由运动员自己掌握，因此，学生能否自愿配合，是心理训练效果好坏的主要因素，当然，强调自愿，绝不意味着不需要教练的相关指导。而是说，即使有较好的外因引导因素，也必须建立在学生需要的基础上，学生在心理训练时，如果能有积极态度，就会主动配合，很快地掌握自调节的手段，取得预期的效果。如果他们对此持观望、怀疑，甚至否定的态度，这种消极态度会成为掌握自我调节方法的内部心理阻力。因此，教练员应首先向运动员讲清心理训练的目的、意义和作用，使他们认识到心理训练的重要性。其次，在训练中教练员还要善于发现运动员进行心理训练过程中的微小进步，及时给予肯定和鼓励，使他们看到自己的进步，体验到心理训练获得的效果，从而进一步增强信心，提高心理训练的自觉性和积极性。

3. 应当结合个体心理的特点

心理训练的主要目的在于改善心理状态，使其达到最佳水平，以适应运动技术和身心全面发展，而改善心理状态必须以学生的个性心理特征为依据。在整个心理训练过程或训练的某一阶段，在确定心理训练的任务、内容和方法时，既要考虑全队的共同需要，更要考虑学生的个体差异，对于全队共同需要发展的心理品质，可统一训练内容和时间，采用一般心理训练的方法，按一定的要求进行。但由于运动员的年龄、性别、训练水平、比赛经验、个性心理特征等的个体差异，心理训练必须针对不同对象进行具体的安排，不能千篇一律，特别是赛前心理训练，更应根据比赛的性质、任务、对手情况、运动员本身所负担的任务，找出个人可能出现的心理障碍，及早地进行针对性训练。由于人的心理具有较大的可塑性，在采取个体化的心理训练方法时，不仅要以个体心理特点为依据，而且要以个体不同时间内的具体心理状况的变化为依据。要充分发扬每个人的心理潜力，弥补心理缺欠，促进心理的均衡发展。

4.应当从实战出发，结合技术、战术、身体训练进行

心理训练的直接目的在于促进运动员技术水平的提高和战术能力的发展，保证运动员在比赛中技术和战术水平的充分发挥。因此，心理训练的任务、内容和方法的确定必须结合实战的需要。实践证明，平时训练所掌握的技术、战术，如果缺乏良好的心理品质作为保证，在比赛中是难以得到充分发挥的，所以，心理训练一方面要和技术、战术、身体训练结合起来，互相促进，另一方面应尽可能在近似于正式比赛的条件下进行。特别是在一些正式的比赛中，更要有意识地加强训练，越是在这种情况下获得的心理品质越有利于技术、战术水平的发挥。

5.必须坚持进行

心理训练要求从根本上改变人的心理状态和个性特征，不是权宜之计，更不是轻而易举的事情。乒乓球专项运动要求的心理素质和品质不是一朝一夕能够形成的，它和技术、战术及身体训练一样必须经过反复的训练才能获得。教练员必须有较长时间的训练计划，根据不同的训练时期和运动员的训练水平，确定不同的训练任务、内容和方法，进行有所侧重的训练，在训练中要不断启发教育学生，坚定心理训练的信心，对困难做好必要的思想准备，持之以恒，不断进行自觉的自我训练，逐步学会控制自己的心理状态，看到心理训练的效果。

二、竞赛心理的相关内容

（一）竞赛对运动员心理的影响

运动竞赛是一项竞争异常激烈紧张、变化多端的比赛活动。通过这种比赛形式的活动，对培养和发展运动员应该具备的良好的心理品质有着积极的作用，概括起来有以下几个方面：

①运动竞赛能促进运动员的感知、记忆、注意、想象能力的发展，并提高运动员的心理机能水平。

②运动竞赛可以培养运动员具有良好的情感素养和坚强的意志品质，培养具有拼搏进取的竞争精神。

（3）运动竞赛有助于运动员的个性得到全面良好的发展，陶冶高尚的情操。

（二）运动员参加竞赛的动机水平

研究和实践证明，运动员参加竞赛的动机水平与运动技术水平发挥程度的关系，具有倒"U"字形的特点，即动机强度处于中等水平时成绩发挥最好；动机水平过低，会压抑或难以调动自身技术和身体的潜力；过高，则会超越运动员自身控制，产生紧张、急躁、冲动情绪，致使动作紊乱，影响技术水平的发挥。[①]

另外，不同运动项目，运动员动机的最适宜水平也存在差异。一般认为，以力量、速度等体能为主的项目，如举重、游泳、短跑等，需要较强的动机水平，而以技巧性、协调性动作为主的项目，如跳水、射箭等需要将动机控制在较弱水平。

（三）运动员在竞赛中应具备的心理条件

乒乓球是一项竞技类比赛项目，根据运动竞赛本身的特点要求，运动员要想获得比赛成功，不仅要有良好的身体素质方面的能力和技战术水平方面的强大支撑，而且还必须要具备各种适应比赛的心理能力，这主要包括以下内容：

①要审时度势，准确判断比赛形势的能力。这主要通过感知、思维、决策，机智敏捷地分析与掌握比赛的环境条件、对手、战况等方面情况的能力。

②强大的精神力量。主要指精神方面上的集中和意志力的自我控制能力。

③善于调整运动，合理分配力量的能力。

④高度的应变能力和防止外界各种干扰的能力。

⑤合理的情绪状态和适度的激活水平。

（四）运动员在运动竞赛中心理活动的特点

（1）行为的适应性

行为适应是指通过行为去和环境保持平衡、协调关系。但运动竞赛属于特殊

---

① 王伯中，王洪潮，陈惠芳，等.体育运动心理指导 [M].郑州：河南科学技术出版社，1991.

的经常变化的环境，运动员的行为必须适应竞赛环境的需要才能取胜。

（2）情境预测性

预测性是运动员在比赛时思维活动表现出来的一个功能，没有预测就会陷于被动。

（3）适度紧张性

运动竞赛需要一定程度的紧张。适度紧张才能使动作协调，精力充沛，斗志旺盛。身心处于最佳状态，才能获得理想的竞赛效果。但过度紧张和无效能的放松都是消极的，最理想的是适度的紧张，它是夺取胜利的重要心理因素。

（4）心理协同性

运动竞赛中的技术、战术协作，配合默契，团结一致是取得良好成绩的重要条件。

（五）竞赛前心理准备的作用

赛前准备包括身体准备、技术准备、心理准备和一般事务性准备。心理准备是赛前准备的重要一环，由于赛前心理准备不足，导致比赛失利者占70%～80%。赛前心理准备的作用，对缓解运动员赛前压力起着至关重要的作用，更是对提高运动员的各种心理能力，增强心理稳定性，使其不受比赛外界环境的影响，以保证自己的竞技状态达到最佳效果有重大影响，使运动员在任何各种复杂形式状态下的比赛，也能够充分地正常发挥身体、技术、战术水平，夺取最后比赛的胜利。

（六）竞赛前心理准备的内容

①明确比赛任务，确定合理的比赛目标。

②激发良好的比赛动机，自觉动员机体的最大潜力投入比赛。

③形成最佳情绪状态。比赛时运动员情绪特点是强度高、变化快。适当的情绪状态有利运动员成功地参加比赛，所以要求运动员要有愉快的心境和特有的精神振奋感。

④增强必胜的信心。

⑤提高战斗的意志，增强竞争性和进取心。

⑥学会运用各种自我调节心理状态的方法，以防止外界环境的各种干扰。如

深呼吸，做一些积极的心理暗示，让自己能够平稳，稳定地参与比赛中。

⑦建立赛前秩序并使之习惯化。

⑧认真分析未来比赛的有利和不利因素，选择出克服各种困难的具体办法，不打无准备之仗。

三、参赛运动员的心理能力

乒乓球选手想要获得比赛的成功，必须具备出色的心理素质。随着乒乓球技术的不断发展与进步，比赛的紧张程度逐渐加强，对抗性不断加强。因此，决定一场比赛胜负的往往是一两分球的得失，成功和失败之间只有一线之隔。在比赛的关键时刻，决定胜负的因素不仅仅是运动员技术水平的高低，还包括他们的心理素质和意志力水平。长期的训练和比赛经历有助于运动员培养良好的心理素质。对于教练来说，在训练中，教授运动员是为了培养运动员具备优秀的心理素质，教练员科学运用心理学知识是至关重要的。

（一）乒乓球运动员的运动动机

1.运动动机的产生

动机指的是推动和维持人类活动的心理动力。就动机来讲，乒乓球运动员的动机与满足自己的运动训练有关，与获得最佳成绩、不断完善自己有着非常密切的联系，我们可以称其为运动动机。

就运动训练的目的而言，乒乓球运动员的运动动机是明确的，是运动员具有明确训练需要的具体表现。尽管如此，对于乒乓球运动员而言，并非所有需要都能成为他们的运动动机，因为他们也是社会成员。只有激发乒乓球运动员对训练的需求并将其转化为具体而具有实现可能的目标，然后持续追求这些目标，才能形成运动动机。

乒乓球运动员参与运动的运动动机可以分为两种：一是内在动机，主要指的是运动员自身所产生的动机，动机源于自身的兴趣、乐趣、追求卓越等内在的需求，这驱使他们参与乒乓球运动；二是外在动机，主要指乒乓球运动员在参与运动时，其驱动力不是来自自己内在的渴望，而是来自外部因素的影响，比如家长的期望、教练的指示、同伴的影响、社交媒体的宣传等。外在动机表现最为明显和普遍的是在乒乓球运动训练以及其他需要从小年龄需要训练的运动项目，这需要引起各方积极重视。

对于乒乓球运动员来说，其产生运动动机需要满足以下两个必要前提条件：

首先，乒乓球运动员的个体需要可以分为两种，一是生理内源性，二是社会影响性，乒乓球运动员的个体需要也被称为运动训练内驱力。

其次，乒乓球运动员在进行运动训练时，所追求的行为目标被称为运动训练诱因。这些诱因包括可以对乒乓球运动员内在需求进行满足的客体、情境和事件。运动训练动机是以作为内因的内驱力和作为外因的诱因为必要条件而存在的。动机既受内因的内驱力影响，也受外因的诱因的影响，二者相互作用。

首先，乒乓球运动员形成运动动机后，产生的是积极活动，具有主动性。运动员出于满足自身需求或受到外部力量推动而倾向于参加运动训练。这种倾向促使运动员积极参与运动训练并加强训练行为。其次，乒乓球运动员在训练过程中，会被内在需求或外部压力所推动，从而专注于达成特定的运动训练和比赛目标，忽略其他方面的训练内容，呈现出明显的选择性特点。最后，是持久性与坚持性。运动员要想获得出色的运动成绩需要通过长时间的专业训练，为了达到既定的目标，乒乓球运动员必须长期保持自己的训练习惯和态度，表现出对所追求目标的持久追求和决心。

2. 优秀运动员的运动动机

研究优秀乒乓球运动员的运动动机情况，我们从中可以得到有益的信息，这些信息在激发和保持运动员的运动动机方面、在训练中提高积极性、并确保运动员在比赛中能够达到高水平的技术和战术表现方面有着积极的作用。

中国学者曾运用日本运动心理学家松田岩男等人编制的《运动动机测试表》对中国乒乓球世界冠军获得者的运动动机水平进行过测定，内容包括：向目标挑战、提高技术欲望、克服困难、向往胜利、赛前因害怕失败而引起不安、由于紧张而引起不安、冷静的判断、精神的坚韧性、一切服从教练员指挥、对教练员不适应、斗志、对专业知识的兴趣、日常生活不节制、训练欲望、竞技价值观、计划性、努力的因果归因。

测试结果表明，在全部 17 项指标中，乒乓球世界冠军获得者中男子有 11 个方面（占 64.7%）的指标显著高于一般运动员，女子有 14 个方面（占 82.4%）的指标显著高于一般运动员。说明较高的运动动机水平是优秀运动员的重要心理品质，也是取得优异运动成绩的必备因素之一。同时，对世界冠军组中高峰年限较长的运动员的得分平均值与其他运动员得分平均值进行比较，男子有 14 项指标前者优于后者，女子有 16 项指标前者优于后者。从总的情况看，高峰年限较长的运动员的运动动机水平较高。

3. 运动动机的培养

在乒乓球运动中如何培养和激发动机是摆在教师、教练员、运动员和体育管理人员面前的重要问题。在训练和比赛中，运动员的良好训练动机并非是自发形成的，需要进行有意识的培养。

（1）要特别重视对青少年运动员训练动机的培养

在青少年运动员开始训练时，进行教育、引导和培养，有利于让运动员形成良好的训练动机，这对运动员完美性格的养成有着重要的影响。运动员参与乒乓球训练，最初主要是出于兴趣或是对自己在这方面潜在能力的模糊感知。他们经常把某位杰出的运动员视为自己的偶像，并渴望自己也能取得出色的成绩。在此阶段，根据运动员的心理特点，明确预设目标并激发动力，可以有效调动他们的积极性。这有助于让他们认识到成就需要付出努力并克服困难才能取得，进而逐渐培养他们艰苦训练的习惯，并提高他们承受挫折的能力。随着时间的推移，运动员逐渐适应了训练，并且对自身的专项能力有一个更深层次的认识与感知，此时，教练员应该对运动员的身心健康发展状况有一个明确的了解，将短期目标与长期的目标相结合，保证让运动员在整个的训练过程中，不仅在身体素质上得到加强，培养其基本的技能和战术，而且还应该激发和培养运动员的动机，让两者获得均衡发展，以确保健康、长期的专项训练。

（2）建立完善的培养和激发运动员训练动机的教育体系

这个体系主要涵盖以下几个方面：

首先，协助运动员确定合适的训练目标，使他们能够客观地评估自己现有的水平和比赛成绩。

其次，明确培训的目标和目的。教练员应该直接与队员分享训练计划和教案，以便让他们全面了解训练周期、训练任务、训练手段、训练指标和训练进度等方面的情况。这样做可以提高队员的训练动机水平，有利于激励他们积极投入训练并坚持下去。

再次，采取适当的强化手段，为每个运动员提供个性化的支持和协助。最常用的教学强化手段是教练员的评价、激励或者批评等。通常情况下，教练员对运动员给予肯定和鼓励可以促进运动员的进步，但若教练员只是口头上的教诲、挑剔和训斥，并不能激励运动员进步，反而会加重运动员的自卑感和对抗心理，从而阻碍了运动员个性的发展。在实施强化手段时，教练员应当注意采用合适的方法和时机进行强化，针对那些存在明显缺点的运动员，不宜在公开场合批评指责，而是应在私底下给予他们充分的帮助和支持。

最后，根据每位运动员的个体差异，教练员应该分别作出相应的动机调整。每位运动员的训练动机不完全相同，因此，教练应针对运动员的主要动机和其他动机，提供个性化的教育和培训，保证他们的训练动机得到纠正。要特别注重培养和提高运动员的情感、理想、信仰和人生观等方面。我们应该从运动员身边的案例入手，充分发挥榜样人物的引领和导向作用，避免只依赖金钱等物质利益驱动的动机倾向。

（3）要抓好运动员赛后心理恢复

每次比赛结束后，运动员会经历一段时间的身心紧张、兴奋或失望，这就需要教练员注重他们的心理恢复。赛事的胜利或失败会导致运动员在比赛后出现各种心理反应，一般来说，这时运动员所产生的"表象"具有一定的片面性。当运动员发挥出超出预想的表现或遭受到异常的失利时，他们可能会在心理上过度高估或低估自己，从而引起情绪的极端波动，导致身体和心理能量的损耗增加。倘若教练忽略此问题，将会对队员今后的训练和比赛带来负面影响，甚至会导致一些队员的运动生涯中断或一蹶不振。因此，作为教练员应该充分重视运动员赛后心理调整，逐步帮助他们分析比赛中的成功和失利，帮助运动员理性地认识自己的实力，并做到不因胜而沾沾自喜，不因败而丧失信心。

（4）维持较长高峰年限运动员运动动机的培养和激发

保持运动员运动动机的培养和激发，可以帮助他们保持一个适宜的水平，并且延长他们的高峰年限。"老将所感受到的运动动机的发展阶段就是动机退化。"[①] 在运动员训练的某些阶段，尤其是在取得该项运动的较佳成绩之后，运动员可能由于不断增长的年龄、不断增加的伤病、恋爱婚姻等原因，通常会出现运动动机的退化，这种退化经常使运动员无法保持较高水平的训练，这也是运动员无法维持较长高峰期的直接原因。有两种相对有效的方法可以解决这个问题：一是从外部，即物质与精神相结合的角度对运动员进行动机教育；二是运动员动机的自我强化。另外，还需要利用启发和榜样的作用来对运动员的动机进行激发，成为间接性动机，也就是为团队、为国家争取荣誉的动机，运动员应该认识到争取更多的好成绩不仅与祖国体育事业发展的要求相符合，也与自身的人生价值实践相契合。

（二）乒乓球运动员的注意力

运动员的心理活动有能力指向并集中在某个特定客体对象上，这种能力被称为注意力。我们身处的环境中有着无数的事物在对我们产生影响，而指向性则是人们从复杂的环境中、从众多的事物中选择出需要关注或者反映的对象。集中主要是指人在选择对象的同时，有意识地抑制其他事物的干扰，以便更好地专注于选择的对象，对选择的对象有更鲜明、明确的反映。例如，乒乓球运动员的注意要集中于对手击球瞬间的方向和速度，这是处于高度的注意状态，整个心理活动指向和集中于对手球拍。

注意是一种积极的心理活动。首先，要确保心理活动具有明确的选择意义，以保证心理反应的清晰，立足这一点，心理活动才能得以正确进行，注意是重要的保证因素；其次，心理活动因为注意具有了维持功能，这种需要持续到完成行为动作、认识活动，最终达到目的为止；最后，对于活动而言，注意具有监督与调节的作用。

---

① 王文渊. 现代教学与训练 [M]. 北京：中国商务出版社，2019.

中国学者曾用奈德佛研制的注意范围类型测试方法对中国乒乓球世界冠军获得者进行过测试。奈德佛将注意范围类型分成广阔外界注意（BET）、广阔内在注意（BIT）、狭窄有效注意（NAR），由于项目特点的不同，要求运动员具备某种特定的注意品质。

在乒乓球运动中，虽然比赛场地没有很大，环境简单，需要注意的范围也较小，但因为乒乓球比赛通常是个人单独进行，所以运动员必须依靠自己内在的专注力，将思维和感知（包括肌肉感觉、球感等）有机地组合起来。运动员通常会通过对方的击球准备动作、短暂的面部表情，以及击球瞬间的手腕动作等简单环境所提供的有限信息来进行瞬间的判断。此外，在比赛中，需要时刻警觉自己的思维、肌肉反应、球感等微妙变化，这是广阔内在注意的特征。NAR 要求运动员将注意力集中在一个对象上，避免分散注意力。在对客体的观察方面，因为乒乓球比赛的环境相对简单，运动员只需要注意对手的动作和球的状态即可，无需像篮球、排球和足球一样关注其他队员的动态，这使得运动员能够更专注地观察对手并作出反应。

因此，乒乓球运动员的注意范围类型一般为广阔内在注意或狭窄有效注意（不排除特殊情况）。尽管在运动中，有时会要求运动员从一种注意类型转移到另一种注意类型，但由于项目特点的制约，其总会比较稳定在一种或两种类型上。

1. 注意力集中的意义

注意力集中指的是将全部精力和专注力集中在一项确定的目标上，不受其他内在或外在刺激的干扰，进而分散注意力的能力。乒乓球是一项技巧繁多、战术多样的运动，运动员需要掌握各种击球技术动作，并将其运用于实战。由于比赛过程中速度非常快，球技变化多端，比赛时间也不确定，加之乒乓球运动员所要达成的动作为开放性技能，因此乒乓球运动成为一种需要较长时间才能分出胜负的运动，鉴于这一点，对运动员的注意强度和注意的稳定性有着较高的要求。这就要求运动员将注意力集中在比赛中的技战术的动作和战术的配合上（双打项目），以促进双打项目中运动员作出准确判断和及时决策，并展现出高质量的动作。在一个紧张刺激、瞬息万变的比赛中，即使是短暂的注意力分散、注意力降低或缺乏稳定性，也会影响运动员的反应速度、动作质量和动作准确性，从而使其错失机会或犯错误。因此，高水平乒乓球运动员必须具备注意活动强度大和注意具有稳定性的心理特质。

注意集中指的是能够将全部精力集中在一个明确的目标上，不受其他外部或内部干扰物的干扰，不产生分心、偏离目标的能力。注意力的集中对乒乓球运动是非常重要的，运动员的注意力越集中，就越能摆脱周围的干扰。竞赛需要高度的身心投入，对选手的身体和心理素质也有着非凡的要求，远超普通人的承受能力。在比赛中，几乎所有相关的活动都要求运动员全神贯注地参与。注意力的集中对于感知觉、记忆和思维等活动是至关重要的。只有在高度集中注意力的时候，才能发挥出速度和力量的作用。

心理学界将注意力的集中分为两种：瞬时集中和持久集中。这两种集中可以帮助运动员充分发挥自身的能力，从而取得胜利。例如，在一场比赛中，运动员在整场比赛中都要保持全神贯注，这就是运动员所需要的注意力持久的能力；又如，在接球刹那这就属于是注意力的时间集中能力。无疑，队员这两种注意力的集中能力越强，完成技术、战术的质量则越高。

2. 注意力集中的培养

训练注意力集中的目的是让运动员学会专注于一个目标，并能够抵御外界影响和内心干扰，全神贯注地投入当前任务与活动中。

训练运动员的注意力集中的训练方法必须根据个体不同情况进行个性化调整。通常可以从以下几个方面开始进行训练：

①要从内心深处充满热情地投入自己所从事的活动，这样的内在动机可以更好地激发人的专注力。

②养成在日常生活中将事情从头到尾处理妥当，不会轻易改变主意的好习惯。

③在比赛和训练中，进入忘我的状态，感受到完全沉浸在其中的感觉，并达到高度集中注意力的境界。

④在比赛中，需要集中注意力并排除各种干扰因素，特别是不去想比赛结果和名次，要全力以赴完成动作，需要保持毅力和决心，努力控制自己的思维模式。

⑤减轻顾虑和恐惧情绪，保持情绪平稳。

（三）乒乓球运动员的心理状态

1. 心理状态的重要性

心理状态指的是在某个特定的时刻，个体内在心理活动的特征。这种心理活动是与某些心理过程和生理功能密切相关的，代表了人对内外环境因素作用所产生的反映。

在比赛中，运动员的心理状态与能力对于展现他们的体能、技能、战术水平和智慧至关重要，缺失心理能力的参与和协调将阻碍他们充分发挥自身具备的能力。在现今开放度极高的社会中，乒乓球训练理论及方法的普及速度非常快，在训练方面的秘密很难保守。因此，技战术方面的水平在高水平运动员中常常没有明显差别，而比赛的胜负结果往往取决于运动员的心理状态，细微的心理差异可能会导致很大的战绩差距。

据一些专家的观点，运动员心理能力的高低在较低水平选手的比赛中，其对比赛结果的影响约为20%，而在高水平选手世界级比赛中则高达80%。随着运动员水平和激烈的竞技水平的提高，心理状态越发对比赛结果产生重要影响。在特定情况下，也可能起到决定性作用。在11分制的比赛中，由于局数较少、每局得分较少、局点出现较早，所以在关键球和关键场次中，心理状态的变化对比赛结果影响更加显著。竞技运动参加者的内心活动的状态与特点集中体现在心理状态上，因此，心理状态会直接影响他们的训练效果、比赛效果以及比赛成绩。

心理状态是一种整体上的、综合性的反映，包含了动机所引起的心理状态，虽然通常被归纳为意志的范畴，但是其中还有情感成分与认识成分。赛前运动员的心理状态包括对竞争态度的表现、对自身实力的估计、兴奋过程的加强，以及对信息接收和理解的心理过程改变，这些因素成为赛前状态中不可分割的重要组成部分。心理紧张状态可以分为两种：行动上的紧张和情绪上的紧张。前者是因为任务的难度而产生的，后者则取决于运动员对特定情境的态度。

在进行乒乓球运动竞赛时，运动员们面临着激烈的竞争，这可能导致他们表现出各种心理活动特征，有着不同的心理活动特点。具体表现在一是情绪方面的心理活动特点的不同，一些运动员在比赛中表现出冷静和稳定的态度，一些运动员则表现得情绪激动、紧张不安，导致失误；二是在认知方面的心理活动特点有所不同，一些运动员善于运用战略和战术，并且反应敏捷，一些运动员存在认知心理活动的特点，导致其反应笨拙、缓慢；三是在意志方面的心理活动特点不同，一些运动员在比分处于劣势时仍坚持不懈，表现出顽强的态度，一些运动员在面对困难时，出现了信心不足、动作不稳的情况；四是归因于动机方面的心理活动特点不同，一些运动员在比赛中未获胜，会认真总结经验教训，并更刻苦地训练，以备未来的比赛，一些人则会因此失去兴趣，导致训练的效果不佳，对比赛感到厌倦。以上这些在不同方面所出现的心理活动特点，会在特定的时间呈现出不同的心理状态。

因此，在研究乒乓球比赛中运动员的心理状态时应该以具体情况为基础，进行精准的分析和研究，必须与特定时间相关联，或者某种活动条件（与时间关联的）。通常来说，心理状态处于焦虑水平较低、充满活力、注意力集中和积极的状态时，相对来说与取得较好的运动成绩有紧密联系。

2. 心理状态的特征

（1）时间上的短暂性和相对稳定性

也就是说，在出现某种心理状态时，其一旦出现，并非立即消失，而是会稳定持续一段时间，尽管该时间比较短暂。在比赛中，运动员处于高度紧张的比赛状态，这种状态可以持续数分钟或数小时，比赛结束后会迅速恢复放松状态。就像在 11 分制比赛中，运动员需要立即进入比赛状态，并在激烈的竞争中保持这种心理状态。

（2）空间上的情绪性和活动性

与其他心理活动现象相同，心理状态是人脑的机能，是对客观现实的反映。人这个主体和客观环境的现象是相互依存的，不可分割。有些运动员训练成绩很不错，但一到比赛现场，就会出现紧张、害羞等过度的情绪以及心理。有一些运动员会在面对实力强劲的对手时取得出色的表现，但当面对实力比自己弱的对手时不能保证获胜。

（3）内容上的现实性和具体性

心理状态是在特定时间内针对具体活动对象产生的心理活动的特点。也就是说一个人当前心理活动状态的内容取决于客观现实中的事物对个体心理上的影响程度。鉴于此，在内容上，心理状态具有具体性和现实性。比如，"迷恋""惊讶""好奇"这是三种不一样的心理状态，就乒乓球运动来说，"迷恋"能够激发训练和比赛时的积极态度；对乒乓球运动中的成绩和坚韧不拔的斗志印象深刻，感到惊奇；对乒乓球的比赛方式、计分方式等方面表现出的好奇心、兴趣和新鲜感。以上这些心理状态的内容足以表明心理状态反映着个体的需要目标、兴趣以及决策等，这些方面具有现实性和具体性。

在比赛中，运动员会因为各种技术动作的失误而失去得分，而且比赛时他们的兴奋度高、体力消耗大、球速快，球的方向也会不断变化，因此，如果运动员拥有良好的时空知觉能力，就可以清晰地感知球的运行位置、球的力量、球的旋转以及球的落点等变化，并准确地回球。这种时空知觉能力包括节奏感、速度感、空间感、时间感、清晰的肌肉用力感。

3. 竞赛期间应具备的良好心理状态

（1）良好的注意力分配

比赛中，双方所有选手的焦点都会集中在不断变化的"球"这一目标上，运动员经过长时间的训练，已经能够更好地强化注意力的集中。然而，在对抗的比赛中，运动员如果仅仅具备良好的注意力是不够的，还需要在此基础上拥有良好的注意力分配能力，以实现"一心二用"的状态。我们从本质上来看，运动员不仅仅需要将注意力集中，还需要对身边事物的变化以及对手的变化进行注意，比如，对对手的位置、身体的姿势、距球台的远近等方面产生的变化要有所注意，这就是所谓的注意力的快速迁移性集中。如果运动员具有这种能力，他们可以在双打或团体比赛中更好地与队友协作，使比赛整体化，并展现出全队的综合竞技能力。

（2）克敌制胜的群体优势心理

作为乒乓球队员，在个人心理状态上，需要具备独立自主的心理状态，而队员个人心理的成熟程度会直接影响整个团队的群体心理优势。建立团队间的信任关系，并培养克敌制胜的群体优势心态，以此激发参赛热情和关注度，从而确保竞赛的成功。

（3）良好的意志品质

作为运动员，必须具备主动性、顽强性、独立性、果断性、自信心等优秀的意志，即在目标的引导下对自己的行动进行自主地支配和调控，克服艰难险阻，具备实现锁定目标的能力。培养这种品质对于运动员取得竞赛胜利具有至关重要的影响。

（4）很强的情绪控制能力

比赛会引起运动员情绪的多种变化。比赛的规模、任务难度、选手实力、训练经验、参赛目的、意志力、人格特征和道德修养，以及社会对比赛的期望都会影响运动员的情绪状态。那些能在紧要关头冷静地掌控情绪，并稳定地展示个人水平和能力的运动员，将能有效地利用赛场上出现的机会，在紧要关头保持冷静的心态进行比赛，甚至还可在关键时刻给对手施加心理压力。

（5）很强的适应能力与反适应能力

乒乓球比赛的过程是参赛双方互相控制与反控制的一个过程，需要在适应对手的同时，也要尽力使对手难以适应自己。

4. 竞赛中的常见心理状态

（1）对手的强弱

如果对手的实力较弱，运动员很容易产生自满和低估对手的情绪，导致他们的注意力无法集中，并且可能在技术动作上不够严谨。当一切顺利时，防守缺乏主动性和积极性，在这样的情况下，一旦遇到困难，情绪的稳定性就开始受到影响，可能会出现自我控制能力不足、调节失控和节奏紊乱等问题。

（2）暂时有利的形势

一些乒乓球运动员在比赛中暂时占据优势时，心理状态会发生变化。有些人会变得懈怠，仅仅满足于瞬时的胜利，过于自信，在攻击方面表现得更为保守，采取保守打法，过于谨慎地计划战术，意志变得松懈，失误增多，错失胜机，对待关键球时不够认真，最后导致失败；有些人会一路追击，直到取得最终胜利。

（3）暂时不利的形势

面临暂时的不利局面时，运动员可能会有两种不同的反应。一方面，运动员可能会感到愤怒，因为他们的自尊心受到了挑战，他们不愿意接受失败。为了克服内心的障碍，他们会鼓起全身的勇气，在非常短的时间内克服压力，逐渐扭转局面并取得优势。另一方面，运动员表现为情绪沮丧，紧张且焦虑，行动杂乱无序，思维不清晰，进行反攻的决心受到动摇，缺乏自信，导致无法执行教练员的计划，最终以失败告终。

（4）意外事件

在比赛中，难以预料的意外事件经常会发生，比如，裁判的错误判决、观众的干扰、场地或灯光不符合标准等。这些事件都非常容易让运动员感到烦躁、注意力不集中、情绪不稳定等，从而导致技术动作变形，战术使用失误不得当。

（四）影响运动员能力的心理因素

影响运动员运动能力的心理因素，有以下几种：

①"心理极限"影响。实验证明，一般的肌力，只有自己最大肌力的20%，这就是"心理极限"阻力的影响。若给予突然外加刺激，如"枪声"或"喊声"，可以使运动员突破"心理极限"多发挥肌力7.4%和12.2%，使最大肌力达到27%和32%。

②暗示、激励。人的各种运动能力发挥的程度，都可能因言语的暗示或激励而发生变化。如赛跑运动员在比赛中，当听到观众喊"加油"声时，能提高跑速，赛出好成绩。

③竞争。在竞争的条件下能发挥出较好的成绩。如：让受试者一个人跑，两个人跑和多人同时赛跑，其结果是不同的。

④忍耐性。所谓忍耐性是指运动员忍受艰苦，能够达到的程度。忍耐性愈高，就愈能忍受艰苦。运动能力测验，几乎所有的项目都是顶着外界压力和身体内部对抗而发挥出力量的。

（五）运动员在体育训练中所需的心理品质

①直接的运动兴趣和吃苦耐劳的精神。体育运动多是消耗大量体力的肌肉活动，而且主要是大肌肉群的运动。因此没有对体育运动本身有直接兴趣和为满足直接兴趣的需要而付出的忍受疲劳和痛苦的心理品质，是进行不了体育运动的。

②体育运动的智力品质。体育运动训练需要相应的运动智力品质，而且体育运动训练和竞赛还发展了体育运动智力品质。

③勇于进取和自制的意志特征。运动员是勇于攀登和进取的模范，永远不满足现状，没有进取心就没有较好的训练成绩。运动员的自制品质是对自身行为控制的能力。运动员忍受训练中的痛苦和困难。在竞赛中，坚持与对手对抗，都是来自这种自制和毅力。

④充沛而稳定的运动情绪。充沛而稳定的情绪是从事体育运动训练的必备心理品质之一。离开了健康的运动情绪，就不可能创造优秀体育运动成绩。也不可能形成各种高级社会运动情感和情操。

四、乒乓球运动心理训练的内容和方法

（一）乒乓球运动心理训练的内容

心理训练包含广泛的内容，可以涵盖日常生活中的一般心理训练和赛前心理训练。针对人的心理活动的内容，可以提供多种训练方式，包括：一是认识过程的训练，二是想象和思维的训练，三是注意力集中的训练，四是意志和情感的训练。就运动的专门任务和要求而言，心理训练包括：参加比赛的训练，技能技巧形成与提高的训练，专门化知觉的训练。

为了在心理上针对运动员进行有效的影响，需要对其进行心理诊断，以了解其心理状况。接着，针对可能出现的各种心理障碍，进行有针对性的训练，帮助运动员提升自我控制和自我调节的心理能力。在此基础上，还必须培养运动员具有参加比赛所需要的良好的素质。

乒乓球是一项精确度高、速度快、变化快、技巧性强、复杂多样的运动。它采用一对一的比赛方式，比赛过程紧张激烈，对手的打法各具特色，领先与落后频繁交替是比赛的常态。这些特征常常导致运动员会出现各种心理障碍，因此，需要运动员展现积极、稳定的情感，具备勇敢、顽强的意志，拥有聪明、果断的品质，以及具备高水平的自控能力。对于乒乓球运动员来说，必须加强专项心理训练，才能适应专项比赛的需要。

高校乒乓球训练任务不同于一般的学校体育教学和体育活动，也不同于专业运动员的训练。因此，在心理上、训练上不能忽视高校大学生运动员心理训练的特点，应考虑高校乒乓球训练的心理准备和训练问题。心理训练不应当只限于在运动过程中进行，而且要在训练和比赛前、后的准备工作中进行，这种训练和比赛的准备时间又不限于临近比赛时期，应当贯穿于他们的整个运动生活过程。体育心理素质的训练不是短期任务，而是长期的训练任务，为此，必须把大学生运动员的全部生活过程作为心理训练的内容。

在日常生活中的训练，在训练和比赛中运用，在训练和比赛中训练，最终将所学应用于实际生活中。如果只注重临场心理训练，而忽略对日常生活中的心理训练，缺乏持续性，那么训练成果不仅无法巩固，而且受到日常心理习惯的不良影响，导致心理训练无法达到预期效果，这是值得重视的问题。

在生活过程中对大学生运动员进行心理训练，一方面是为了保证训练和比赛的正常进行，另一方面也是为了使心理训练效果迁移到未来的生活、工作中去，这一点对于大学生尤其重要。

（二）乒乓球运动心理训练的方法

体育运动中心理训练的方法有很多种，包括心理、意志、情感等心理过程的训练、个性心理特征的训练，以及记忆力和注意力的训练等。目前，国外采用的训练方法较多，高等学院大学生乒乓球训练过程中，为了调整和控制运动员在训练和比赛时的心理活动，使心理活动达到最适宜的状态，常采用的心理训练有动机训练、表象训练、模拟训练和思维调整训练等。

1. 动机训练

学生进行运动训练和比赛的动力来自内在的心理因素，也就是动机。只有当一个人充满了训练或比赛的激情，并且拥有强大的动力时，他才会展现出百倍的信心，勇于攻克所有的难关，并且充分发挥自己的潜力以赢得胜利。动机是否强烈，主要表现为信心的大小，它会直接影响运动成绩。动机和信心来源于对外部对手和自身力量的正确估计。一个能正确分析客观形势并充分调动自身潜力的人，他会具有强烈的动机和充足的信心，反之，再大的自身优势和潜力，也会因动机的不足受到压抑，在客观困难面前无能为力。由于动机和信心来源于对内、外条件的科学估计，所以教练员要采用心理训练的方法，帮助学生形成正确的动机。动机的主要训练方法包括以下两种：

（1）说服、动员

教练员常常使用动机训练方法，通过语言分析帮助学生认识到有利的客观条件和个人潜力，从而提高他们的动员水平，以备训练和比赛之用。这种说服、动员的方法，如果使用得当，具有针对性，可以达到较好的效果。若想通过言语来说服别人、动员别人，首先要让谈话者自己具备权威性，使用充分的、实际的论据，来鼓舞和激励运动员。

（2）战绩回忆训练

有些人缺乏运动动机是由于过多地想到了自身的不利方面，忽视了有利因素的结果，对此，单纯采用说服、动员的方法不一定能改变动机状态，可以采用自我回忆战绩的方法，从自身内部获得动机力量，这是一种独特的动机训练方法。具体做法是，让被训者处于自我放松的状态，在恢复身心力量的基础上，诱导他回忆自己最佳的运动训练和比赛的情景，如在紧张比赛中，自己注意力高度集中，沉着、冷静地进行比赛，打得得心应手的情景，在强手面前毫不畏缩，每一分都在拼和取得胜利的情景，在比赛进入关键时刻，毫不犹豫，敢于抢先上手，果断抢攻，使对手措手不及的情形等。回忆战胜对手的比赛情景，重视积极的情感体验，对训练或比赛能起到推动作用，提高运动员的活动能力和效果，被训者可以在表象追忆中重新认识到自己有利的身体、技术、心理素质的优势。从优势中找到潜在的力量，使暂时被失利因素压抑的力量焕发出来，达到增强运动动机，提高信心的目的。运动战绩回忆的方法是一种自我表象的修复方法，是借助于内在力量进行自我教育的方法，如果能认真执行，可以收到较好的效果。

2. 表象训练

学习运动技术不仅仅是锻炼肌肉，更是锻炼大脑（包括对脑的心理机能）的过程，可以视为智力和体力的有机结合过程。有时候，人们无法正确地执行某些技术动作，并不是因为他们的肌肉不够强壮，而是因为他们的大脑缺乏足够的智力活动水平和某些必要的素质，尤其是专项运动所需要具备的心理素质。如果不先处理心理素质问题，在面对缺乏运动思维、动作记忆和适宜的情绪问题时，只依靠反复练习肌肉动作，就无法完全实现预期的目标。

为了加强技术动作的形成过程中运动表象、想象和思维等因素的作用，提升运动技术水平，我们可以运用回忆技术动作的表象训练方法。这种心理训练的主要特征在于通过回忆已学过的技术动作形象，在表象中呈现重要技术动作部位，以便基于动作表象进行技术动作的练习，最终达到深化对技术动作的理解和掌握，同时进一步理解和掌握技术。

在平时的训练中，教练员应该要求学生经常注意体会自己成功运用某一技术、战术的各种感觉，包括动作结构、要领、关键及细节部分等。例如，在还击某来球时，位置的选择、击球的身体各部分发力时间顺序和肌肉感觉等。经常要求运动员重视回忆各种来球的肌肉感觉表象，有利于尽快形成各种熟练的动作技巧，并能在比赛中得到正常发挥。表象训练是在体育运动中实现体脑结合的科学训练方法，也是一种自我训练方法，容易学，也容易见效。回忆技能与语言刺激相结合，将肌肉收缩感觉用语言口述出来，其训练效果最佳。

运动员可以利用自己的想象力，在比赛前或赛中通过回想自己过去成功时的最佳表现来体验当时的身体感觉和情绪状态，借此来将当时积极的意念进行重现。这样做可以刺激植物性神经系统活跃起来，使心跳加快、呼吸加强以及加速新陈代谢过程中血流量的流动。这些可以提高全身的增力感觉和增力情绪，进而引起兴奋状态。

借助想象，运动员可以想象自己感到轻松和愉悦的情境来促进身体的放松。运动员需要在脑海中构建这个环境，并尽可能使表象中的环境清晰，让运动员可以在大脑中生动地看到想象中的环境，以增加想象对运动员的刺激作用。

3. 模拟训练

模拟训练是通过设定与未来比赛可能相似的条件来进行训练的一种方法。这可以使训练更加接近于实际比赛的情境，从而帮助运动员提高应对未来比赛的适应能力和情绪控制能力。这种方法让运动员在类似比赛的条件下，能够更好地管理自己的情绪，保持适当的兴奋和放松状态，避免因突发状况而产生的焦虑和紧张。

训练内容包括模拟应对不同对手特点的比赛情形，模拟各种不同比分下的比赛场景，模拟裁判错误判罚的情况，对观众的影响因素进行模拟，以及模拟比赛场地与环境等多个方面。

在中国乒乓球运动训练中，模拟训练已有悠久的历史，也积累了丰富的实践经验。该训练方式对于运动员的心理稳定、技战术水平的充分发挥和比赛成绩的提升起到了积极的作用。对于比赛情况的模拟，可以分为两种方式：一种是语言形象的模拟，用语言和形象的表象来描绘比赛时的场景和参赛者的行动；另一种是实景情况的模拟，通过设计类似于比赛的训练，实现身临其境的感觉，从而让运动员提前了解对手和场景，减少紧张情绪，增强比赛的适应能力和信心，以充分发挥自己的技术和战术实力。要想有效地进行模拟训练，必须确保设计的模拟条件能真实地反映出比赛的环境与条件、比赛方式以及对手的水平。为此，需要对比赛的各方面进行详细分析并加以了解，然后根据此拟定最佳的模拟条件。

在乒乓球的模拟训练中，选择特定比赛中可能遇到的对自己威胁最大的对手作为模拟对象，尽可能收集对手比较全面的资料。模拟设计主要是从类型打法、握拍方式、技术和战术特点、技术风格以及意志等方面进行考虑，模拟者应尽可能表现出模拟对象的各种特征，赛前阶段应加强与模拟对手的练习和比赛，有针对性地改进技术，调整战术。另外，还应根据比赛环境和条件、比赛的方式、比赛的时间及比赛队的顺序的安排情况进行模拟设计。安排在接近于实际比赛的场景条件下进行训练，以提高运动员的适应性，消除紧张情绪，克服可能出现的一些心理障碍。

在进行模拟训练时，需要注意以下几点：首先，了解和分析比赛的各个方面，包括对手、环境和条件等，以便进行精准的针对性训练；其次，根据所分析的结构，必须确保训练尽可能地与实际比赛相似，以帮助运动员更好地适应比赛；最后，比赛并非是一成不变的，而是千变万化的，为了让运动员更好地适应未来的比赛，应该在进行模拟新来的时候制定出多个方案与办法，要关注运动员的表现和反馈，随时调整训练计划以获取最佳效果，以提高运动员在不同情况下的情绪控制能力。

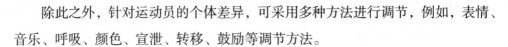

除此之外，针对运动员的个体差异，可采用多种方法进行调节，例如，表情、音乐、呼吸、颜色、宣泄、转移、鼓励等调节方法。

4. 思维训练

思维是人脑对外界事物进行抽象、间接、概括、反应的过程，是对客观事物本质属性和事物间内部联系的反映。运动员所采取的各种战术以及技术都受到思维的控制和调节，在训练和比赛中，思维对运动员具有调动主观能动性的作用，有利于对技术的快速掌握以及在比赛中对技术进行充分发挥。如果运动员在积极思维基础上得出可以获胜的估计，便会增强自信心态。全力以赴去争取胜利，相反，消极的情绪引起运动员情绪低落、丧失信心、动作失常、战术混乱，从而导致比赛的失败。

针对训练或比赛中的不同情境，可以采用各种暗示方法来积极调整思维过程，即事先建立积极心态以代替潜在的消极想法，从而帮助运动员专注于自己的战术行动，进而消除各种主观或客观方面的干扰因素，以便帮助运动员充分发挥他们的技术水平和战术水平。比如面对未曾交手的对手时，可以运用肯定的暗示来调整自己的状态，例如，"我已经仔细研究了他的球路、弱点，找到了应对的策略，一定能够战胜他"；上一个球打丢以后，采用"我已掌握了打这种球的动作规律，这个球我一定可以打好"的积极思维来代替。教练员在训练中给运动员纠正错误动作时，或在比赛中进行场外指导时，也应该采用"应该这样做"去强调，不应该用"不能那样做"去刺激等。

思维训练旨在通过采用更积极的思维方式来代替消极思维，培养运动员战胜对手的信心。然而，这种信心和积极思维必须建立在客观实际的基础之上，否则过高或过低的期望都可能产生负面影响。一般来说，调整的方法会以"套语"的形式表现出来，因此我们需要有目的地列出一些"套语"，依据训练或比赛的情境不断重复训练，在反复进行训练以及运用的基础上，就可以在训练和比赛中取得积极的效果。

5. 放松训练

放松训练目的在于借助言语的暗示作用对植物性神经系统的机能进行调节，以达到身体肌肉、骨骼、关节、韧带等放松的状态，从而最大限度地减少身体在生理能量上的消耗。通过这种方式，可以放松其他系统，进而恢复身体和大脑的活力。

放松训练的方法是被训练者身着宽松衣服坐在椅子上，上身挺直，双目微闭，调整呼吸减缓，在放松性言语暗示下，做肌肉、骨骼、关节放松动作，依次由身体下肢向上逐渐放松，直到头颈、面部。

放松训练是一种使用特定套语来进行导引的训练，通过引导肌肉松弛、内心平静来对植物性神经系统机能进行控制并调节，首先使其由强变弱，其次使用具备一定愿望的套语进行自我的动员，重振精神，将身体带入最佳竞技状态。运动员情绪的紧张常常导致肌肉的紧绷。通过缓和肌肉紧张度，降低身体能量消耗，放松训练可以有效地平衡情绪，降低紧张和兴奋的水平。

调整呼吸：根据每个队员的情况，选择坐姿、卧姿或立姿，使身体舒展放松。呼吸节奏应该根据美国运动员的特点来确定，在开始时，进行缓慢而深度的腹式呼吸，顺序为：吸气，在吸气的时候需要慢而深，默念暗示语"放慢"；屏气，在这个时候，吸完气需要屏气若干秒；呼气，此时应该尽量多呼出。进行 5 组练习，每组练习需要进行 20 次。

控制肌肉：基本的姿势与之前一致。按照以下顺序体会各个肌肉在放松时候的感觉，即拍臂—非持拍臂—右腿—左腿—腰部—胸部—颈部—脸部，然后采用先收缩后放松肌肉的方式，加深这次体验。呼气时，放慢呼吸，同时默念"放松""安静"等暗示语，直到全身进入放松静心状态。

在放松后，需要进行动员，以使中枢神经系统重新活跃、兴奋起来。动员训练的目的是增强运动员的情绪紧张水平和兴奋程度。

调节呼吸：使用深而迅速的腹式呼吸来控制呼吸频率，同时默想"加快"这个暗示语，每次练习完成 15 次，每次 5 组。

控制肌肉：收缩身体不同的肌肉组织，提升肌肉的张力和紧张度。接着，设想自己正身处极寒或紧张刺激的竞技环境中，同时内心默念着积极的暗示语，比如"我感到身体充满力量，情绪高涨，渴望运动和比赛"。不断重复这些话语，直到全身动员起来，让自身充满了无限的活力和激情，随时准备好迎接挑战。

6. 注意集中训练

注意集中训练是指让运动员意识到重点和目标，并且在训练期间保持专注，排除杂念和外界干扰，将他们的心理和精力都投入到当前的活动任务上。

7. 系统脱敏训练

系统的脱敏训练是采用临床治疗的方法消除紧张情绪。具体的脱敏方法是：让情绪过敏患者在仪器监护下，进行"小睡"训练，然后给予少量的重复情绪过敏刺激，以引起情绪过敏反应。心理学工作者应以积极的套语进行暗示，鼓励其借助自身内部的对抗力逐量渐适，以降低过敏反应强度，最后达到完全脱离敏感反应的治疗效果。

8. 恢复性心理训练

恢复性心理训练是指采用具体手段，在短时间内，使运动员的身心能量得到及时补充，以利于比赛或运动训练的需要。

恢复性心理训练主要采用以下方法进行：

①肌肉、骨骼、关节的放松训练。其目的是使骨骼、肌肉系统的生理能量降低。

②调节呼吸。目的是达到体力、眼力的恢复和降低心理活动强度。

③注意集中训练。把注意从紧张中解脱出来，使注意集中在使肌肉动作放松或呼吸减缓的节奏上。

9. 处理关键球训练

处理关键球训练的目的在于让运动员能够应对关键时刻的各种压力和消极心理，放松心态，缓解紧张情绪，重新动员内在的心理能量。这样，运动员就能够恰当地激发兴奋状态，以最佳状态参与关键球阶段的比赛。

先让运动员记起自己达到最佳状态时的表象形象和身体感觉。完成上述步骤后，开始进行正式的训练，其实就是通过想象自己处于比赛的关键球阶段，然后模拟在比赛中出现了自己易犯的心理问题，在想象结束的时候，使用比赛时所用的毛巾进行擦汗，默念着如"我非常冷静，身体感觉非常好，紧盯着球，赢下这一局"等暗示语。在默念暗示语的时候，需要想象出自己最佳状态时的表象形象和自我感觉。接着，将毛巾放下来，继续默念正面的暗示语，并想象自己全神贯注地参与着关键球比赛，并获得胜利。这个练习需要进行 5 组，每组需要进行 5 次。

10. 生物反馈训练

我们可以借助现代化电子仪器，通过生物反馈训练传递运动员机体的生理信息，帮助他们通过反复练习来学会自我调节生理机能。当运动员在训练或比赛中感到紧张时，他们的身体会产生一系列生理反应，特别是受植物性神经系统控制的部位表现特别明显，如心跳加快、毛细血管扩张、血压上升等。运用生物反馈训练技术，通过电子仪器显示的各种信号，向运动员传达不同生理机能的信号，帮助其了解在不同情况下生理反应的变化，从而掌握自身的情绪，进行自我调节，实现放松与兴奋状态的自我调整。然而需要注意的是，这种方法对于运动员来说需要进行长时间的训练才能掌握。原因在于这种方法需要中枢神经系统对自主神经系统进行调节与控制，这种过程是需要经过长期的训练才能达到的，即使已经获得了"结果的信息"，也不能随意地掌控这个"结果"。要获得更好的训练效果，需要将生物反馈训练和放松训练相结合。对于以上这些方法的运用，只要注意不断地总结，同样可以收到良好的效果。

参考文献

[1] 吴健．翟星辰编．乒乓球运动 [M].郑州：郑州大学出版社，2022.

[2] 王艳．乒乓球运动基础教程 [M].上海：同济大学出版社，2022.

[3] 潘华云．乒乓球运动发展与教学训练创新研究 [M].北京：海洋出版社，2022.

[4] 杨青，张辉．乒乓球教学训练与科研 [M].苏州：苏州大学出版社，2022.

[5] 张天羽，周文龙．乒乓球文化发展与运动教学研究 [M].长春：吉林人民出版社，2021.

[6] 赵曼曼．高校乒乓球课程建设与教学训练 [M].长春：吉林人民出版社，2021.

[7] 王薇，黄德彬，轩志刚．球类项目教学与运动训练 [M].长春：吉林人民出版社，2021.

[8] 钟永锋．球类竞技运动的价值研究 [M].北京：九州出版社，2021.

[9] 林炜鹏．传承与创新：现代乒乓球运动理论与实践发展探索 [M].长春：东北师范大学出版社，2020.

[10] 贾鹏．乒羽网运动 [M].天津：天津科学技术出版社，2020.

[11] 肖冠群．小学乒乓球运动体能训练的论述 [J].田径，2023（1）：40-41.

[12] 何哲赟．上海高校阳光乒乓球运动的多元化发展探究 [J].当代体育科技，2022，12（36）：69-72，77.

[13] 蒋津君，刘妍虹．乒乓球运动状态变化的动力学特征及其在搓球和反拉中的应用研究 [J].哈尔滨体育学院学报，2022，40（6）：31-40.

[14] 王楠，苏苗，杜卫成．高等学校线上体育教学面临的问题及教学模式研究——以乒乓球运动为例 [J].科学咨询（科技·管理），2022（9）：143-145.

[15] 黄烨，张超．乒乓球运动训练辅助系统设计 [J].设计，2022，35（14）：58.

[16] 何心，蒋雪涛，李游．乒乓球运动技术动作下的体能训练探究 [J].当代体育科技，2022，12（21）：29-32.

[17] 贾佳，山欣汝，雷皓．高校校园乒乓球文化的发展现状与构建对策研究 [J].
安阳工学院学报，2022，21（4）：123–125.

[18] 王玉洁．多角色教学法在乒乓球教学中的应用 [J].青少年体育，2022（3）：
120–121.

[19] 苏济海．青少年乒乓球运动训练质量途径研究 [J].青少年体育，2021（12）：
74–76.

[20] 李京生，赵俊华．高校乒乓球课程教学现状与改革措施研究 [J].当代体育科
技，2021，11（31）：77–79.

[21] 林立悦．听觉信息在乒乓球运动员运动表现中的作用 [D].上海：上海体育学
院，2022.

[22] 颜梦一．体育院校乒乓球专项课程核心素养指标体系构建研究 [D].兰州：西
北民族大学，2022.

[23] 唐岚晖．6–8 岁乒乓球初学者步法训练的手段设计与实施效果研究 [D].北
京：首都体育学院，2022.

[24] 贺祎．游戏教学法对 1–3 年级小学生乒乓球运动技术和灵敏素质的影响 [D].
北京：首都体育学院，2022.

[25] 孙梓铖．砂板乒乓球赛事的发展脉络、演进特征及未来展望 [D].武汉：武汉
体育学院，2022.

[26] 克宇飞．全球化背景下中国促进世界乒乓球运动协同发展的策略研究 [D].天
津：天津体育学院，2022.

[27] 林秋芬．乒乓球运动一体化管理信息平台的分析与设计 [D].唐山：华北理工
大学，2021.

[28] 于恒睿．我国乒乓球运动发展特征及社会价值研究 [D].长春：吉林大学，
2021.

[29] 刘妍虹．乒乓球运动中球体运动状态变化的动力学特征及其应用研究 [D].天
津：天津体育学院，2021.

[30] 朱智超．终身体育视域下乒乓球运动的体育价值开发研究 [D].曲阜：曲阜师
范大学，2021.